案解民法典——群众身边的
法律顾问系列读本 | 总主编／徐向春

案解民法典

群众身边的法律顾问·物权编

王祺国／主编

中国检察出版社

图书在版编目（CIP）数据

案解民法典：群众身边的法律顾问．物权编／王祺国主编．—北京：中国检察出版社，2021.2
　　ISBN 978-7-5102-2483-6

　　Ⅰ.①案… Ⅱ.①王… Ⅲ.①民法-法典-案例-中国②物权法-案例-中国　Ⅳ.①D923.05

中国版本图书馆 CIP 数据核字（2020）第 166490 号

案解民法典——群众身边的法律顾问·物权编
王祺国　主编

出版发行：	中国检察出版社
社　　址：	北京市石景山区香山南路 109 号（100144）
网　　址：	中国检察出版社（www.zgjccbs.com）
编辑电话：	（010）86423707
发行电话：	（010）86423726　86423727　86423728
	（010）86423730　86423732
经　　销：	新华书店
印　　刷：	北京宝昌彩色印刷有限公司
开　　本：	710 mm×960 mm　16 开
印　　张：	16.25
字　　数：	191 千字
版　　次：	2021 年 2 月第一版　2021 年 2 月第一次印刷
书　　号：	ISBN 978-7-5102-2483-6
定　　价：	50.00 元

检察版图书，版权所有，侵权必究
如遇图书印装质量问题本社负责调换

《案解民法典——群众身边的法律顾问》系列读本
编 委 会

总 主 编　徐向春
副总主编　那艳芳　　杜亚起　　陈鸶成
执行主编　马　滔
策　　划　徐向春　　马　滔　　郭志安
　　　　　彭赞清　　孔　亮　　段慧娟
　　　　　余结兵　　左袁靖　　于　倩
　　　　　秦子轶　　李兰云　　杜　雪

《案解民法典——群众身边的法律顾问·物权编》编委会

主　编　王祺国

副主编　朱世洪　莫舟强

撰稿人（按姓氏笔画排列）

　　　　王志勤　王钢猛　王　新　左袁靖
　　　　付　照　吕　燕　朱笛琴　江旭萍
　　　　沈芸芸　沈　旸　张晨辉　张婧婧
　　　　陈文飞　陈文雅　陈　莺　林大凯
　　　　周　芳　单　超　胡　瑛　俞梦玲
　　　　钱小良　曹秀婷　章　丹　章吉森
　　　　蒋雯雯

审　稿　赵景川

《案解民法典——群众身边的法律顾问》系列读本编写说明

这是写给广大群众的民法典学习用书。

2020年5月28日,十三届全国人大三次会议审议并表决通过了《中华人民共和国民法典》,于2021年1月1日起正式施行。这是新中国第一部以法典命名的法律,具有里程碑意义。民法典既有价值引领,也是行为规范。《中华人民共和国民法典》第1条开宗明义地把"弘扬社会主义核心价值观"写入其中,引导人们向上、向善;引导人们诚实守信,友好交往;引导人们坚守公平正义,弘扬社会正能量;引导人们厉行节约,保护环境;引导人们正确行使权利,有效防范风险,充分履行责任。除了价值和理念层面的引导,民法典以七编的版块结构、洋洋大观的1260个具体条文,围绕着每个人从呱呱坠地到结婚生子、死亡,从柴米油盐到衣食住行徐徐铺陈开来,与每一个人的生老病死息息相关,是名副其实的"社会生活百科全书"。可以说,民法典是最接地气的法律,是每一个人须臾不可离开的法律。

这是以案例阐释法律的通俗读物。

社会生活纷繁复杂,民法精神养成和制度演进历史悠长,民法理论博大精深，民法学学术研究成果卷帙浩繁，学习、运用民法典绝非易事。对于普通读者来说，通过案例学习法律，是最佳途径。案例是社会生活的实例，是法律实施的场景化、具体化。结合案例阐释法律，能够使静态的法条、抽象的理论变得动态、立体、鲜活、易懂，广大普通读者也能结合相关、近似案例学习民法典、运用民法典，在自己关心的民法问题、涉及自身的民事案件中，找到更直接、更真切的参照系。以案例为载体，是丛书编写最基本的考虑。

这是结构完整、编排科学的准法律工具书。

本丛书的编写，是通过常见问题、典型案例、相关法律相结合的形式，采取以案说法、以案释法的方式进行普法宣传，为群众提供法律咨询服务。丛书各分编各篇目均统一体例，以问题为导向，以问题查找案例、以案例引出法条，具有速查功能。每一个问题的展开过程为：问题＋基本案情＋问题描述＋裁判情况＋释法析理＋相关法条的模式。各要素的具体内涵是：

（一）问题：即各篇之篇名。以该问题作为具体篇目的名称，全部篇目完成后，以问题生成目录，方便检索查找。

（二）基本案情：简要概述具体案件的基本情况。案件的选取力求具有典型性、代表性，是实践中的常见问题，总体法律关系明确、案情典型。

（三）问题描述：综合案件具体情况，明确该案的核心法律争点，是对题目的具体描述和界定。

（四）裁判情况：重点梳理法院审理的过程及生效的裁判结论。

（五）释法析理：综合案件具体情况，根据裁判结论，对针对此类问题的民法典的相关规定进行解释说明。解释说明力求简明扼要、通俗易懂，不照搬法条，不作学理性阐释。

（六）相关法条：列出该问题及案例涉及的主要法律法规及司法解释，并按照民法典的条文在前，其他法律法规及司法解释在后的顺序排列。

这是特色鲜明、易用好用的大众读物。

第一，重点突出。以满足群众社会生活中常见法律需求为目标，针对实践中普遍存在的矛盾纠纷类型，立足于普通群众、日常生活、常见问题的视角，突出日常生活和社会生活中常见纠纷类型和典型法律问题，选取民法典的重点条文进行解读和宣传，不求面面俱到、逐条涉及，亦不作全面解读。

第二，问题典型。一是选常见问题，源于生活的实际问题，避免生僻问题或生造问题；精准提炼问题，以小切口讲述民生大问题，避免空泛和专业，凸显具体化和生活化。二是选实际问题，根据实际案例提炼问题，尽量选取公开的案例，以权威的裁判为基础。三是选成熟问题，在同一个问题有多个案例的情况下，优选更为典型、效果更好、裁判文书说理更为充分者。四是选有解释价值的问题，不选普遍不存在疑惑的问题，比如"老张借给老李一笔钱可以要回来吗？"这样的问题其答案是不言自明、人尽皆知的。但"老张借给老李一笔钱，没有约定还款日期，老张什么时候可以要回来？"就是有价值的问题。

第三，语言通俗。语言是表达和理解的工具。本丛书的编写立足群众需求，文字表达力求准确精练、通俗易懂，以法律人讲生活语言、社会语言的方式，将法言法语转换为易为群众理解的语言。

策划、编写《案解民法典——群众身边的法律顾问》系列读本，是我们控告申诉检察干警学习、贯彻民法典的具体举措；是我们在建设社会主义法治国家的伟大征程中，以自己的绵薄之力助力民法典的普法宣传，满足广大人民群众学习、运用民法典的重要方式。期待本丛书的编写和出版发行能发挥助推形成全社会主动学法、办事依法、遇事找法的习惯，以防范民事交往的挫折和风险，减少社会治理成本，形成良法善治的有效治理态势。

最高人民检察院第十检察厅
2021 年 1 月

目 录
CONTENTS

- 拿到钥匙能否视为得到房子
  （第 209 条）/1

- 一房二卖，哪个合同有效
  （第 215 条、第 221 条）/4

- 没有房产证还能成为房产所有人吗
  （第 216 条、第 220 条）/8

- 信赖房产登记造成损失谁来赔
  （第 222 条）/13

- 挂靠船舶的债权请求权能否对抗实际所有权人的物权（第 224 条、第 225 条）/16

- 债务到期后用质押的车辆抵债，其物权何时生效
  （第 226 条）/19

- 转让索回的权利是否可以代替设备的现实交付
  （第 227 条）/22

- 约定由出让人继续占有的动产其所有权属于谁（第228条、第240条）/25

- 离婚后，自建房屋谁有权继续居住
（第209条、第231条）/27

- 买房赠送的地下储藏室究竟归谁
（第215条、第233条、第235条、第236条）/30

- 孙女基于协议暂住祖父遗留房屋能否要求其支付租金（第236条、第238条）/33

- 自家房屋挑檐被拆除，究竟谁之过
（第233条、第237条、第288条）/36

- 对方不赔钱，我能私自拿他财产吗
（第240条、第258条、第265条、第267条）/39

- 征收集体土地是否应当补偿被征地农民的损失
（第243条）/42

- 我挖到的乌木归谁
（第246条、第251条）/45

- 无居民海岛能想占就占吗
（第248条、第258条）/47

目 录

◆ 我的"地盘"我作主吗

(第250条、第260条)/49

◆ 集体能动我的"奶酪"吗

(第261条、第265条)/52

◆ 业主对小区公共区域可以任意改造吗

(第271条、第272条、第273条、第274条)/55

◆ 外墙广告牌可以随意悬挂吗

(第271条、第272条)/58

◆ 小区内的车位归谁所有

(第275条、第276条)/60

◆ 业委会可以撤换小区物业公司吗

(第277条)/63

◆ 业委会可以管业主吗

(第286条)/66

◆ 邻居养鸽"扰民"有权制止吗

(第288条、第294条)/68

◆ 楼道通行权受到侵害怎么办

(第291条)/70

◆ 新建筑妨碍采光、日照怎么办
（第293条）/72

◆ 巨型显示屏影响周边居民怎么办
（第294条）/74

◆ 户内成员能共享征地补偿吗
（第297条、第299条、第308条）/76

◆ 共有物管理带来的收益怎么分
（第300条）/78

◆ 夫妻一方擅自卖房怎么办
（第301条、第311条）/80

◆ 承租人和共有人都来买房怎么办
（第305条）/83

◆ 租出去的车被偷卖了，还能要回来吗
（第311条）/86

◆ 捡到的戒指想扔就能扔吗
（第314条、第316条）/89

◆ 买了主房，储藏间也归我吗
（第320条）/91

目 录

◆ 婚前财产的收益是夫妻共同财产吗
（第 321 条）/93

◆ 未经同意开发的海域一定要恢复原状吗
（第 326 条）/96

◆ 开荒土地被征用后的土地补偿款归谁
（第 327 条）/99

◆ 海域内的养殖物归谁
（第 328 条）/102

◆ 自然水源可以独占吗
（第 247 条、第 324 条、第 325 条、第 329 条）/104

◆ 家庭承包经营林地，作为承包合同签字人的家庭成员
是否可以个人决定转让承包经营权（第 330 条）/106

◆ 土地承包经营权互换是否必须登记备案才有效
（第 334 条、第 335 条）/109

◆ 土地承包经营权转让方对转让协议有异议能否
对抗善意第三人（第 333 条、第 334 条、第 335 条）/112

◆ 土地承包期内，村组能否决议对农户承包地
进行调整（第 336 条）/115

◆ 政府划拨用地可以出租吗

（第 246 条、第 254 条、第 347 条、第 350 条）/118

◆ 购买建设用地使用权口头协议有效吗

（第 348 条）/122

◆ 未办理抵押登记的土地，是否能与建筑物一并处分（第 356 条、第 357 条）/125

◆ 建设用地使用权提前收回该如何补偿

（第 243 条、第 358 条）/128

◆ 换地后亏了就用人家的地，占不占理

（第 362 条）/132

◆ 非宅基地所在村村民有权取得宅基地使用权吗

（第 363 条）/134

◆ 宅基地遭灾荒废后，被他人侵占该怎么处理

（第 364 条）/136

◆ 登记机关漏登宅基地使用权人，相关权利人有权提起诉讼吗（第 365 条）/139

◆ 离婚＝无家可归吗

（第 366 条、第 367 条、第 368 条）/142

目 录

◆ 留给儿子的房产女儿能居住吗
（第366条、第371条）/145

◆ 地役权合同可以口头订立吗
（第372条、第373条）/147

◆ 地役权可以对抗不知情的第三人吗
（第374条）/149

◆ 提供出行的唯一道路可以任性封堵吗
（第376条）/151

◆ 房屋所有权人变更的，原房屋抵押合同
是否仍然成立（第386条、第394条）/153

◆ 第三人为债务人向债权人提供担保的，可以要求
债务人提供反担保吗（第387条）/156

◆ 车主将车辆抵押给融资租赁公司，后发生车辆自燃全损，
保险公司应向谁支付保险赔偿金（第390条）/159

◆ 债权人与债务人约定将债务转让给第三人承担，原债权
债务的担保人是否还要承担担保责任（第391条）/162

◆ 债务到期后，既有物的担保又有人的担保，
应如何清偿（第392条）/165

以建设用地使用权抵押的，该土地上的建筑物
一并抵押吗（第397条）/168

医院名下的土地使用权及房屋可以抵押吗
（第399条）/170

未签订书面抵押合同仅交付产权证明的，抵押权
成立吗（第400条）/173

可以约定债务到期，不还款抵押物归债权人
所有吗（第401条）/175

抵押登记太麻烦，别人把房子抵押给我，我可以
不去办抵押登记吗（第402条）/178

车辆抵押未登记，能对抗善意第三人吗
（第395条、第402条、第403条）/180

将已出租的房子办理"贷新还旧"，原租赁关系
受影响吗（第405条）/183

别人把抵押给我的车再次抵押他人，车被卖掉
以后钱先给谁（第414条）/185

质押担保的主债权已超过诉讼时效，债权人的质权
是否还受法律保护（第419条、第437条）/188

- 最高额抵押权设立前的债权可以转入最高额抵押担保的债权范围吗（第420条）/191

- 担保时承诺债务人若不履行到期债务，债权人得以事先约定的价格向第三方转让质押股权的行为，是否有效（第428条）/194

- 质权人未经出质人同意擅自使用质押车辆是否需要赔偿（第431条）/197

- 因债务人未归还借款，债权人擅自处分质押物需要承担相应责任吗（第432条）/200

- 我质押给别人的车，未经我允许又质押给第三人，发生损坏后我该怎么办（第434条）/202

- 已经向银行归还了贷款，但第三方担保公司不返还贷款保证金怎么办（第436条）/205

- 劳动者能否以用人单位拖欠劳动报酬为由对单位财产行使留置权（第447条、第448条）/207

- 留置财产的价值大于债务的该如何处置（第447条、第448条、第450条）/210

- 不交汽车修理费，汽车不让开走，丢失了谁赔（第451条）/213

◆ 汽车上先设定抵押权后成立留置权的，留置权人
  优先受偿吗（第456条）/215

◆ 不是房产证登记的所有权人，能否合法占用房屋
  （第235条、第240条、第458条）/217

◆ 开发商将约定归原土地所有方的房屋出售给他人，
  原土地所有方是否有权占有该房屋
  （第221条、第458条、第459条、第462条）/221

◆ 无合法依据占用他人房产，是否应当支付占有
  使用费（第459条）/225

◆ 以房屋出售前已签订房屋租赁合同为由强占他人
  房屋，应当如何处理（第460条）/228

◆ 为借款而签订车辆抵押合同，出借人未经借款人同意
  擅自变卖抵押车辆，是否应当返还原物或赔偿损失
  （第235条、第238条、第461条）/231

◆ 祖父母一方死亡，孙子未经同意能否占用祖父母
  共有的房屋（第462条）/235

拿到钥匙能否视为得到房子
（第 209 条）

基本案情

林某某与 A 房地产开发有限责任公司（以下简称 A 公司）签订《借款合同》，约定林某某向 A 公司出借人民币 180 万元，借款期限为一年，按月利率 2.5% 计算利息。一年后，A 公司与林某某签订《顶房协议》，约定：A 公司将其开发的某楼盘的商品房 A、B 号两套房抵顶给林某某，顶房房源的销售与自留权益归林某某所有，A 公司有义务配合林某某办理房屋产权转移手续。签订《顶房协议》后，A 公司又将涉案 A、B 号房产抵押给银行并办理抵押登记。之后，林某某去世，A 公司被法院裁定破产重组，涉案 A、B 号房被列入 A 公司的破产财产。林某某的继承人裴某某向法院起诉要求取回房屋。另查，涉案房屋尚未竣工验收。

问题描述

本案系一起因未能办理物权登记引起的纠纷。裴某某认为自己已经取得了涉案房屋的钥匙，并委托装修公司对涉案房屋进行装修设计，交付了装修定金，自己实际占有涉案房屋，因此请求法院确认涉案房屋不属于破产财产并要求行使取回权、办理过户。A 公司辩称，涉案房屋未办理网签手续，未办理预告登记，未实际交付，所有权并未转移，应属于被告的破产财产；涉案房屋已办理了在建工程抵押，法律上已无继续履行之可能；取回权的前提是原告对涉案房屋拥有所有权，如取得房产证，在涉案房屋所有权有争议的情况下，无法适用取回权。本案的争议焦点是，裴某某对案涉房屋是否享有取回权。

裁判情况

本案经过一审、二审、再审。法院经审理后认为，林某某与A公司签订的《顶房协议》系双方真实意思表示，不违反法律、行政法规的规定，应认定合法有效，但案涉两套房屋均不具备办理物权登记的条件，虽然裴某某取得了房屋的钥匙，但尚未办理物权登记。因此，两套房屋的物权均未设立，裴某某不享有两套房屋的所有权，不具备取回权行使的法律上的基础条件。

裁判结论：裴某某对案涉房屋实际占有并享有取回权的主张缺乏法律依据，不予支持。

释法析理

我国关于不动产物权变动模式采用以公示（登记）要件主义为原则和以法律例外规定为补充的效力模式。《中华人民共和国民法典》第209条第1款规定："不动产物权的设立、变更、转让和消灭，经依法登记，发生效力；未经登记，不发生效力，但是法律另有规定的除外。"在本案中，林某某与A公司签订的《顶房协议》合法有效，且从已查明的事实来看，林某某继承人裴某某已取得用于顶债房屋的钥匙，但是依据法律规定，不动产登记是物权变动生效要件，登记完成才标志着物权变动的最终完成，未完成登记，则相应的"物权变动"因欠缺生效要件而未发生物权效力。故合同有效并取得了钥匙，但不等于自然就得到了房子。在日常生活中，房产买卖纠纷常有发生，老百姓最怕的是给了钱却得不到房，一房多卖的现象也屡见不鲜，在购房过程中，买卖双方签订了房屋买卖合同，若未办理房屋所有权转移登记，此时，虽然房屋买卖法律关系生效，但房屋所有权并未从出卖人转移到买受人，在房屋所有权转移登记完成时才最终发生房屋所有权变动的法律效果，买受人才享受法律认可的房屋所有权。所以我们在不动产交易中，要及时进行相应的物权登记，避免损失。

相关法条

《中华人民共和国民法典》第二百零九条　不动产物权的设立、变更、转让和消灭，经依法登记，发生效力；未经登记，不发生效力，但是法律另有规定的除外。

依法属于国家所有的自然资源，所有权可以不登记。

一房二卖，哪个合同有效
（第215条、第221条）

基本案情

A公司开发建设某小区，周某某在该小区购买商品房一套，并签订商品房买卖合同。合同约定，该房屋系该小区一期A栋5号门市房，面积为110平方米，价格为104.5万元，首付款为59%，按揭贷款41%，即42.8万元。合同签订后，周某某按约交纳房款并将该门市房在房产管理处办理了预购商品房预告登记。之后，A公司第二分公司又与李某某签订房屋定购协议书，约定李某某购买A公司开发的小区一期A栋5号门市房（该房屋系周某某购买的房屋），价格为115.5万元，合同上有A公司第二分公司合同专用章及李某某的签名。李某某提交了115.5万元的购房交款收据，现李某某占有该房屋。周某某发现李某某往此房运沙石，遂上前阻止，李某某称其与开发商也有房屋买卖合同。双方交涉多次未果，故诉至法院。

问题描述

该案系"一房二卖"引发的确认合同效力、侵权责任纠纷。周某某的诉讼请求，其实质内容为两项：一是确认其与A公司签订合同有效，确认李某某与A公司第二分公司签订的合同无效；二是判令李某某迁出案涉房屋。被告李某某辩称自己有购房合同和交款收据，有该房屋的使用权，且使用该房屋至今，原告周某某之前未向自己提出过异议，不应该退出房屋。本案争议的焦点是，一房二卖，两份房屋买卖合同的效力如何确认。

裁判情况

本案经过一审、二审、再审。一、二审法院经审理认为，本案A公司将争议房屋出售给周某某，并办理了房屋预告登记，该行为合法有效。而李某某与A公司第二分公司签订的商品房合同的时间晚于周某某签订商品房买卖合同的时间，且争议房屋预告登记的权利人为周某某，A公司第二分公司不是争议房屋的权利人，无权对争议房屋进行处分，故李某某与A公司第二分公司签订的商品房买卖合同无效。一、二审法院判决：（1）周某某与A公司签订的商品房买卖合同有效，李某某与A公司第二分公司签订的房屋定购协议书无效，该门市房所有权归周某某所有；（2）李某某于判决生效后30日内从门市房内迁出。李某某不服该判决，向检察机关申请民事诉讼监督。检察机关经审查认为，原审判决认定李某某与A公司第二分公司签订的房屋定购协议无效，属于适用法律确有错误，向人民法院提出抗诉。经过再审，法院判决认为，本案中，周某某与A公司、李某某与A公司第二分公司先后分别签订房屋买卖合同，均为合法有效，检察机关抗诉有理，依法予以支持；后签订房屋买卖合同虽有效，但在周某某先办理房屋预告登记的情形下，已不能发生物权效力。

裁判结论：李某某与A公司第二分公司签订的商品房买卖合同有效；周某某虽然进行了预告登记，但未办理案涉房屋产权登记，不享有案涉房屋物权的情形下，无权要求李某某返还案涉房屋。周某某可待取得案涉房屋所有权后，再行使返还原物请求权。

释法析理

关于涉案合同效力。本案中，周某某与 A 公司、李某某与 A 公司第二分公司先后分别签订房屋买卖合同，上述合同均系当事人真实意思表示，不违反法律、行政法规的强制性规定，均为合法有效。根据《中华人民共和国民法典》第 215 条规定，当事人之间订立有关设立、变更、转让和消灭不动产物权的合同，除法律另有规定或者当事人另有约定外，自合同成立时生效；未办理物权登记的，不影响合同效力。一、二审法院以李某某与 A 公司第二分公司签订的商品房合同的时间晚于周某某签订商品房买卖合同的时间，且争议房屋预告登记的权利人为周某某，A 公司第二分公司无权对争议房屋进行处分，认定李某某与 A 公司第二分公司签订的商品房买卖合同无效，没有事实和法律依据。

合同有效是否就一定会发生物权效力？周某某与 A 公司、李某某与 A 公司第二分公司先后签订房屋买卖合同虽均有效，但周某某订立的合同在先，且已按合同约定交纳全款，并办理了房屋预告登记。《中华人民共和国民法典》第 221 条规定，当事人签订买卖房屋的协议或者签订其他不动产物权的协议，为保障将来实现物权，按照约定可以向登记机构申请预告登记。预告登记后，未经预告登记的权利人同意，处分该不动产的，不发生物权效力。尽管李某某与 A 公司第二分公司订立的房屋买卖合同有效，但在周某某先办理房屋预告登记的情形下，已不能发生物权效力。周某某可依此行使请求 A 公司交付、配合变更产权登记等请求权，阻却、排斥李某某对该套房产进行预告登记、登记等行为。在本案中，因周某某已进行预告登记，A 公司第二分公司无法履行协助李某某办理登记的义务，李某某可要求该公司赔偿损失。

但是周某某为什么不能根据预告登记要求李某某返还案涉房屋？预告登记制度设置的目的，是通过办理预告登记手续，保障以获得房屋所有权为目的的购房人,将来实现所有权,但上述民事权益不具备法律层面上的不动产物权性质。如前所述,周某某提起本案诉讼,要求李某某返还案涉房屋的行为,法律性质上是一种行使返还原物请求权的行为。返还原物请求权在法律属性上系一种典型的物权保护请求权,其权利基础是请求权人对物享有物权。因此,在周某某尚未办理案涉房屋产权登记,不享有案涉房屋物权的情形下,无论李某某与A公司之间的房屋买卖协议是否合法有效,是否能够实际履行,或李某某对案涉房屋的占有使用行为是否具备合法基础,周某某均无权要求李某某返还案涉房屋。周某某可待取得案涉房屋所有权后,再行使返还原物请求权。

相关法条

1.《中华人民共和国民法典》第二百一十五条 当事人之间订立有关设立、变更、转让和消灭不动产物权的合同,除法律另有规定或者当事人另有约定外,自合同成立时生效;未办理物权登记的,不影响合同效力。

2.《中华人民共和国民法典》第二百二十一条 当事人签订买卖房屋的协议或者签订其他不动产物权的协议,为保障将来实现物权,按照约定可以向登记机构申请预告登记。预告登记后,未经预告登记的权利人同意,处分该不动产的,不发生物权效力。

预告登记后,债权消灭或者自能够进行不动产登记之日起九十日内未申请登记的,预告登记失效。

没有房产证还能成为房产所有人吗

（第 216 条、第 220 条）

📄 基本案情

张某某、曾某某（系夫妻）与 A 房地产开发有限公司（以下简称 A 公司）签订购房合同购买房产 1 套，合同总价为 3773374 元，双方约定首付 1899974 元，余款 188 万元以银行按揭支付。张某某、曾某某向 A 公司缴款后，A 公司向张某某出具了收据，载明张某某、曾某某共支付房款 180 万元。曾某某向银行贷款人民币 188 万元支付房款，以上二人共支付购房款 368 万元。两年后，唐某某（系曾某某的母亲）通过银行向 A 公司账户缴款 140960 元，A 公司出具了收据，载明："张某某（唐某某、曾某某）缴款 140960 元。"该房屋交付后，被用作茶餐厅经营。另查：在茶餐厅筹建过程中，唐某某丈夫分多次向张某某付款 223 万元，张某某向唐某某出具条据一份载明："唐某某为茶馆共支付现金 2230000 元。"张某某与唐某某签订协议，该协议载明"经茶餐厅合伙人唐某某和张某某协商，现将茶餐厅资产分为三份，唐某某占两份，张某某（曾某某）占一份，特此协议"。之后，张某某、曾某某对涉案房产在房产局进行了房产登记，取得了房屋所有权证，确定张某某、曾某某为涉案房产共有人，共有份额均为 50%。唐某某得知后即向二人提出登记错误并与二人协商进行变更，由于唐某某与张某某、曾某某夫妇均主张本案所涉房产由其单方出资购买，对本案所涉房产拥有全部产权，故双方产生纠纷。

问题描述

该案争议的焦点是茶餐厅经营所用的房屋的所有权的归属,系确认之诉。唐某某诉称,涉案房屋是唐某某和丈夫投资购买,因年老识字不多,便让女儿曾某某、女婿张某某代办购房手续,张某某从其手中先后拿去300多万元(其中转账91万元,现金223万元)交购房款及装修。购房合同显示,首付款为1899974元,其余房款188万元以该房产抵押向银行按揭支付,唐某某支付的现金付清首付款后,剩余部分用于装修。后核实面积时因房屋面积增大补交的140960元购房款也系唐某某支付。房屋购买后,唐某某又出资用所购房产开办茶餐厅,并交由曾某某代管,收入除归还该房屋按揭贷款外,剩余部分由张某某与曾某某夫妇控制。鉴于张某某夫妇当时具体负责茶餐厅的经营,有所付出,唐某某决定将茶餐厅的资产分成三份,赠与张某某夫妇一份,并签协议确认茶餐厅的全部资产唐某某占两份、张某某夫妇占一份,以合伙的方式经营,这样做的目的也是创造和谐关系,让张某某夫妇配合办理房屋所有权证书。但是,张某某夫妇在办证时并没有办成唐某某的名字,并且以房产作抵押从银行贷款。故唐某某要求确认房产系自己出资购买,自己系该物权的真正所有人;判令张某某与曾某某立即将房屋过户至其名下。张某某夫妇认为,不动产物权的设立、变更、转让和消灭,经依法登记发生效力,法院应当严格以房产登记情况审理本案,相关法律虽规定在物权权利人同意或者登记错误的情况下可以更正登记,但本案所涉房产的权利人张某某与曾某某并未同意变更,唐某某也不能提交证明登记错误的证据;房产的所有权的归属和茶餐厅、223万元债权等多重法律关系不能混为一谈,唐某某为茶餐厅支付现金223万元,不等同于其为购买茶餐厅所用的房产支付现金223万元,茶餐厅与茶餐厅所用房产是两个标的物,属于完全不同的资产,互不包含。双方均提供了相应的证据材料。

裁判情况

本案经过一审、二审、再审。法院经审理认为，本案争议房产由张某某、曾某某夫妇与 A 公司签订《商品房买卖合同》，购房款除唐某某支付的 140960 元及按揭款 188 万元由茶餐厅营业款偿还外，其余款项均以张某某、曾某某夫妇的名义交纳。由于张某某、曾某某夫妇在购买本案所涉房产的过程中与唐某某发生大额经济关系，而且又向唐某某出具唐某某为茶餐厅支付现金 223 万元的条据，唐某某又参与经营茶餐厅，故张某某、曾某某夫妇主张本案所涉房产由其夫妇全部出资，应以房产登记为准，确认本案所涉房产所有权全部属于张某某、曾某某夫妇的主张不成立。综上所述，可以确认本案所涉房产在购买前，唐某某夫妇与张某某夫妇进行了充分协商，并决定由张某某夫妇出面购买，在购买中，唐某某夫妇与张某某夫妇均出钱出力，故认定本案所涉房产由唐某某与张某某、曾某某共同出资购买，共同拥有所有权。本案中，由于唐某某与曾某某是母女关系，在购买本案所涉房产及用本案所涉房产装修开办茶餐厅过程中未形成书面出资协议或财务账，大量金钱给付均以现金方式进行，购房与装修开办茶餐厅出资混同，导致对双方购房出资情况难以准确认定，唐某某与张某某、曾某某夫妇达成关于茶餐厅资产分为三份，唐某某占两份，张某某、曾某某夫妇占一份的协议应理解为茶餐厅各项资产均以协议约定的份额进行分割，且据双方当事人陈述，案涉房产亦系茶餐厅主要资产，故以上述协议约定的份额为标准，分割房产份额。

裁判结论：本案所涉房产由唐某某与张某某、曾某某夫妇按份共有，唐某某共有份额 66.67%，张某某、曾某某夫妇共有份额 33.33%。张某某、曾某某夫妇于判决生效后 10 日内配合唐某某办理相应产权变更登记。

释法析理

《中华人民共和国民法典》第 216 条第 1 款规定，不动产登记簿是物权归属和内容的根据。因此，一般在诉讼中，若当事人就登记簿上记载的物权归属和内容发生争议，则登记簿上记载的物权人首先被推定为真实物权人，对此无须再行举证证明。本案中，张某某、曾某某夫妇作为房产登记人，一般就认为是该房产所有人，但为什么该案支持了唐某某的部分诉求，认定唐某某也是该房产的按份共有人呢？作为一种法律拟制事实，登记表彰的物权状态并不总与真实物权状态相一致，故在民事诉讼中允许对此提出异议的当事人通过举证证明真实的物权状态，如果其能够证明真实物权状态与不动产登记簿的记载不一致，人民法院可以依法采信该证据，进而对真正物权状态作出相应认定。故法院在房屋明确登记后，有权审查房屋实际所有权的问题。

随着房地产市场的大热，房产价值不断攀升，房产纠纷也越来越多。现实生活中存在大量房产登记名义人与实际权利人不一致的情形。根据《中华人民共和国民法典》第 220 条规定，权利人、利害关系人认为不动产登记簿记载的事项错误的，可以申请更正登记。不动产登记簿记载的权利人书面同意更正或者有证据证明登记确有错误的，登记机构应当予以更正。不动产登记簿记载的权利人不同意更正的，利害关系人可以申请异议登记。登记机构予以异议登记，申请人自异议登记之日起 15 日内不提起诉讼的，异议登记失效。异议登记不当，造成权利人损害的，权利人可以向申请人请求损害赔偿。因此，遇到此类纠纷，可以向登记机构申请更正，如果不动产登记簿记载的权利人不同意更正的，可以申请异议登记，并在异议登记之日起及时提起诉讼，由法院对房屋产权实际归属进行判断。

相关法条

1. 《中华人民共和国民法典》第二百一十六条　不动产登记簿是物权归属和内容的根据。

不动产登记簿由登记机构管理。

2. 《中华人民共和国民法典》第二百二十条　权利人、利害关系人认为不动产登记簿记载的事项错误的，可以申请更正登记。不动产登记簿记载的权利人书面同意更正或者有证据证明登记确有错误的，登记机构应当予以更正。

不动产登记簿记载的权利人不同意更正的，利害关系人可以申请异议登记。登记机构予以异议登记，申请人自异议登记之日起十五日内不提起诉讼的，异议登记失效。异议登记不当，造成权利人损害的，权利人可以向申请人请求损害赔偿。

信赖房产登记造成损失谁来赔
（第 222 条）

基本案情

马某某与刘某某签订《抵押保证借款合同》。合同约定刘某某向马某某借款人民币 150 万元整，借款期限 3 个月，借款利率月利率为中国人民银行公布的同期同类贷款利率的 4 倍。刘某某自愿将其位于 A 市的房产抵押给马某某作为借款担保。随后马某某将 150 万元通过银行转账交付刘某某，并由公证处对上述《抵押保证借款合同》出具具有强制执行效力的债权文书公证书。某不动产登记局在《抵押保证借款合同》签订半年前为刘某某颁发房屋所有权证，于转账、办理公证当日为马某某、刘某某颁发房屋他项权证，该证载明房屋所有权人为刘某某，他项权利种类为一般抵押，债权数额为人民币 150 万元。5 个月后，不动产登记局作出《关于撤销刘某某所持有房屋登记和抵押登记的决定》，载明"刘某某隐瞒真实情况，以提交虚假材料的非法手段，欺骗登记机关取得房屋产权的行为，经局研究决定，依法撤销刘某某所持有的房屋登记和抵押登记"。之后，人民法院对不动产登记局工作人员黄某某滥用职权、收受贿赂，违反规定为刘某某办理产权过户转移提供相关手续的行为，以滥用职权罪和受贿罪判处其有期徒刑 3 年 6 个月。公证处就马某某的执行申请作出（2014）第××号执行证书，该证书载明申请执行人可持本执行证书向有管辖权的人民法院申请强制执行，马某某就该执行证书向人民法院申请执行，人民法院作出民事裁定书，载明"经查被执行人所抵押的房屋并不是被执行人所有"，裁定"终结公证书的本次执行"。马某某向不动产登记局申请国家赔偿未果，继而向人民法院提起诉讼。

问题描述

该案为因信赖房产登记而遭受损失引起的赔偿纠纷。马某某认为，不动产登记局作为房屋登记行政机关，违法行使职权给马某某造成巨额财产损失，诉至法院，请求人民法院依法判决不动产登记局为刘某某办理的房屋产权登记和房屋他项权利登记违法，判决不动产登记局因行政行为违法赔偿马某某损失150万元及利息。本案争议的焦点是，不动产登记局是否应该赔偿马某某的损失。

裁判情况

本案经过一审、二审、再审。法院经审理认为，本案中，因不动产登记局工作人员违法为刘某某办理了房屋产权登记和房屋他项权利登记，马某某基于对不动产登记局房屋登记、房屋抵押登记行政行为的信赖，将钱出借给刘某某。登记机关的上述行为致使马某某无法行使抵押权，应当予以赔偿。

裁判结论：确认被诉房屋登记和抵押登记行为违法，不动产登记局于判决生效后15日内一次性赔偿马某某经济损失150万元并向马某某支付利息。

释法析理

《中华人民共和国民法典》第222条规定，当事人提供虚假材料申请登记，造成他人损害的，应当承担赔偿责任。因登记错误，造成他人损害的，登记机构应当承担赔偿责任。登记机构赔偿后，可以向造成登记错误的人追偿。不动产登记局工作人员滥用职权、收受贿赂，为刘某某办理了房屋产权登记和房屋他项权利登记，马某某正是基于对不动产登记局房屋产权登记、房屋抵押登记行政行为的信赖，才将其150万元借与刘某某，当抵押权无法行使又寻求了司法渠道救济，因无法找到刘某某而不能实现债权，造成了巨大的经济损失，该损失与不动产登记局的登记及抵押行为具有因果关系，不动产登记局对马某某的损失应予赔偿。不动产登记局先行承担赔偿责任后，可以向造成登记错误的人追偿。

相关法条

《中华人民共和国民法典》第二百二十二条 当事人提供虚假材料申请登记，造成他人损害的，应当承担赔偿责任。

因登记错误，造成他人损害的，登记机构应当承担赔偿责任。登记机构赔偿后，可以向造成登记错误的人追偿。

挂靠船舶的债权请求权能否对抗实际所有权人的物权

◆（第224条、第225条）◆

基本案情

香港A公司（以下简称A公司）诉海运B有限责任公司（以下简称B公司）船舶物料供应合同纠纷一案，因B公司不履行该生效判决，A公司申请强制执行。一审法院作出执行裁定书，扣押了登记在B公司名下的"华海轮8"号等4条船舶。随后，游某以其为"华海轮8"号船舶实际所有权人为由，对一审法院的执行裁定提出书面异议。一审法院裁定驳回了游某的异议。游某不服，提起本案执行异议之诉，请求：（1）停止对"华海轮8"号船舶的执行，解除对该轮的扣押；（2）确认游某对"华海轮8"号船舶享有全部的所有权，并由A公司承担本案的诉讼费用。

问题描述

是否存在善意第三人，是船舶物权归属的核心问题。《中华人民共和国民法典》第225条明确规定，船舶物权的设立、变更、转让和消灭，未经登记，不得对抗善意第三人。本案争议的焦点是，挂靠船舶登记所有权人的一般债权人，也就是拥有债权请求权的人，是否属于民法典中规定的善意第三人。

裁判情况

本案经过一审、二审审理。二审法院认为，船舶作为特殊动产，其物权变动是以交付为生效要件。游某按照船舶买卖合同支付全部购船款并实际占有该船舶进行对外经营。游某即使没有进行登记，物权也已经发生变动。游某提供的证据足以证实其是"华海轮8"号船舶的所有权人，B公司对"华海轮8"号船舶并不具有所有权。

裁判结论：A公司是基于其对B公司所享有的债权请求权对"华海轮8"号船舶主张权利，而并非基于其自身对"华海轮8"号船舶上所享有的物权，该债权请求权不能对抗"华海轮8"号船舶的所有权人，所以A公司并不属于"善意第三人"的范围。因此，游某作为"华海轮8"号船舶的所有权人，其享有申请停止执行对"华海轮8"号船舶查封、扣押的权利。

释法析理

本案所涉的法律问题是挂靠船舶权属的认定以及能否对登记在被挂靠企业名下挂靠经营的其他船舶采取强制执行措施。最高人民法院《关于适用〈中华人民共和国民法典〉物权编的解释（一）》第6条规定："转让人转让船舶、航空器和机动车等所有权，受让人已经支付合理价款并取得占有，虽未经登记，但转让人的债权人主张其为民法典第二百二十五条所称的'善意第三人'的，不予支持，法律另有规定的除外。"据此，即使受让人的船舶、航空器和机动车等所有权未经登记，转让人的债权人权益也属于该物权可以对抗的范围，除非法律另有规定。所谓对抗，应以权利间依其性质存有竞争抗张关系为前提，当事人之间的物权变动未经登记而导致所有权的不完全，但依其物权本质即优于债权，自然不发生对抗问题。《中华人民共和国民法典》第225条规定的"善意第三人"主要是指对于标的物具有正当物权利益的人,并不包括债权人,除非有法律规定的例外情形。未经登记的所有权人的权利即使因为没有登记而缺乏物权对抗效力,但仍然优先于其他的一般债权人。

  本案中,虽然"华海轮8"号船的登记所有人为B公司,但其作为被挂靠企业仅仅是名义所有人,游某已经支付购船款并实际占有、使用和管理"华海轮8"号船,成为该船的实际所有权人。B公司对该船并不具有所有权,"华海轮8"号船不能作为B公司的责任财产用于清偿其债务。A公司系基于其与B公司物料供应合同纠纷产生的一般债权,不能对抗游某对"华海轮8"号船舶享有的实际所有权。

相关法条

  1.《中华人民共和国民法典》第二百二十四条　动产物权的设立和转让,自交付时发生效力,但是法律另有规定的除外。

  2.《中华人民共和国民法典》第二百二十五条　船舶、航空器和机动车等的物权的设立、变更、转让和消灭,未经登记,不得对抗善意第三人。

债务到期后用质押的车辆抵债，其物权何时生效

◆（第 226 条）◆

基本案情

环某某向杨某某借款 10 万元，环某某提供其名下牌照为云××××汽车作为担保，双方签订《担保书》，约定借款期限为半年，若期限届满不能偿还借款，杨某某有处置该车的一切权利。合同签订后，杨某某按约履行了借款义务，环某某将该车交给杨某某占有及管理使用。借款期限届满后，杨某某与环某某签订《折抵协议》，双方约定环某某以质押于杨某某处的云××××汽车冲抵 10 万元借款，但并未及时办理过户手续。之后，因环某某与第三人赵某某的债务纠纷，法院查封、扣押了云××××汽车，扣押前该车由杨某某占有及管理使用。杨某某随即对法院作出的裁定提出案外人异议，法院审查后作出执行裁定书，驳回杨某某的执行异议。为此，杨某某诉至法院，要求裁处。

问题描述

原告杨某某认为其在法院查封前已取得涉案车辆的所有权，足以对抗赵某某基于一般债权人身份申请的强制执行。被告赵某某认为杨某某所主张的车辆抵押的真实性存疑，即使该抵押关系真实，该车辆并未办理过户

登记，不能对抗第三人。本案的争议焦点为，杨某某对云××××汽车是否享有所有权，其阻却执行该车辆的理由是否成立。

裁判情况

本案经过一审、二审。二审法院认为，当事人有权在法律规定的范围内处分自己的民事权利。在本案中，环某某因与杨某某的借款到期不能偿还，双方达成合意，签订《折抵协议》，以环某某名下云××××汽车抵债，二审中环某某到庭，对上述事实进行了确认。该以物抵债行为系双方当事人真实意思表示，不违反法律、行政法规的禁止性规定，应认定合法有效。

裁判结论：二审法院判决撤销一审法院民事判决，确认云××××汽车为杨某某所有，同时停止一审人民法院对云××××汽车的执行。

释法析理

针对动产物权设立和转让前，动产物权受让人先行占有标的物的特殊情况，《中华人民共和国民法典》第226条规定："动产物权设立和转让前，权利人已经占有该动产的，物权自民事法律行为生效时发生效力。"本案中，在双方签订《折抵协议》前，环某某名下的涉案车辆云××××已经按照双方签订的《担保书》约定，由杨某某依法占有并使用管理。借款清偿期限届满后，双方签订《折抵协议》，约定环某某以云××××汽车替代偿还该10万元借款，双方达成合意。该以物抵债行为系双方当事人真实意思表示，不违反法律、行政法规的禁止性规定，应认定合法有效。由于此前杨某某因环某某的质押行为已依法占有该车，故杨某某于《折抵协议》生效时即取得该车的所有权，其有权要求停止此后人民法院对该车的查封、扣押和强制执行。

相关法条

《中华人民共和国民法典》第二百二十六条 动产物权设立和转让前,权利人已经占有该动产的,物权自民事法律行为生效时发生效力。

转让索回的权利是否可以代替设备的现实交付

（第 227 条）

基本案情

孔某与王某签订《生物醇油转让合同》，双方约定孔某以成本价向王某转让灶具设备，王某按约支付相关款项。其中，设备系孔某为向客户售油而投资安装给客户使用，孔某享有设备所有权，由各客户合法占有使用，若客户不再用油，可向客户要求返还设备。双方签订合同后，孔某带领王某方人员到总共 12 名客户处进行交接，向客户说明其所有设备已转让给王某，以后由王某供油，并将此次供油开具收据收取的款项也全部交给了王某。但王某称客户后续没有继续用他的油，认为孔某并没有依约完成客户处设备及供油资格的交接，不向孔某支付剩余款项。双方就此发生争议，遂诉至法院。

问题描述

转让请求他人返还原物的权利是否能够代替现实交付是本案的核心问题。本案的争议焦点为孔某是否就合同中列明的客户处设备及供油资格向王某进行了交接，即孔某带领王某方人员向所有客户说明并进行一次供油的行为是否代表孔某已向王某交付了设备及供油资格。

裁判情况

本案经过一审、二审。依据民法规定，动产的交付方式有四种，即现实交付、简易交付、占有改定和指示交付。本案设备由作为第三人的客户依法占有使用，无法进行现实交付。依据《中华人民共和国物权法》第26条①规定，动产物权设立和转让前，第三人占有该动产的，负有交付义务的人可以通过转让请求第三人返还原物的权利代替交付。王某与孔某达成设备交付合意后，孔某又指示第三人，由王某对第三人供油。王某通过供油资格的转让，以及与孔某的合意，已经完成了设备的指示交付，履行了交接义务。

裁判结论：王某关于孔某未完成交接义务的上诉理由不成立，法院不予支持。原判责令王某支付余款及违约金，并无不当。

释法析理

指示交付的成立须具备两个条件，一是当事人须有转让所有权的合同，二是让与人应当将所有权转让的事实通知标的物的实际占有人。本案中，孔某给客户投资安装用油的设备，旨在向客户销售油，从供油环节牟取利润。客户处的设备与供油资格系捆绑在一起的。即客户用谁的设备，即须用谁的油。双方均认可合同签订后，孔某带领王某的工人为所有客户供了一次油，并进行了设备及供油资格交接说明，客户亦证实，孔某作为让与人，已经将设备所有权转让的事实通知给了作为设备实际占有人的客户。故孔某通过供油资格的转让，以及与王某的合意，已经完成了设备的指示交付，履行了交接义务，即孔某已经通过转让请求第三人返还设备的权利完成了自己的交付义务。若是客户拒绝用油，王某

---

① 现《中华人民共和国民法典》第227条。——编者注

可以要求客户返还设备,与孔某无关。

📖 相关法条

《中华人民共和国民法典》第二百二十七条 动产物权设立和转让前,第三人占有该动产的,负有交付义务的人可以通过转让请求第三人返还原物的权利代替交付。

约定由出让人继续占有的动产其所有权属于谁

◆（第228条、第240条）◆

基本案情

徐某某与船舶修造A有限公司签订造船合同，建造讼争船舶，船舶建造完毕后，开始由徐某某经营使用。在该船建造和经营过程中，王某某通过电汇转账和支票方式向徐某某提供借款，双方签订《协议书》，约定以案涉船舶抵偿徐某某欠王某某的借款，同时约定协议生效，案涉船舶转让给王某某，并由徐某某继续经营管理，产生的全部经营管理费用由徐某某承担，经营利润按照6∶4的比例于每年年末进行分配。

问题描述

民法明确规定，动产物权转让时，双方又约定由出让人继续占有该动产的，其动产的所有权已发生转移。本案的争议焦点是，继续占有动产的出让人是否拥有动产的所有权。

裁判情况

本案经过一审、二审和再审。再审法院认为，案涉《协议书》性质为以物抵债协议，系当事人真实意思表示，并不违反法律法规的强制性规定，合法有效。案涉《协议书》约定由出让人继续占有经营，即王某某在《协议书》签订生效时取得了船舶所有权。

裁判结论：确认讼争船舶所有权人为王某某；驳回王某某的其他诉讼请求。

释法析理

讼争船舶由徐某某委托船厂建造，其于船舶建造完毕时依法取得讼争船舶的所有权。《中华人民共和国民法典》第240条规定，所有权人对自己的不动产或者动产，依法享有占有、使用、收益和处分的权利。本案中，徐某某因欠付王某某借款，而经双方合意，以欠款本金和利息为对价，将讼争船舶转让给王某某，属对其所有的财产行使处分权的行为。王某某与徐某某间签订的《协议书》，系双方真实意思表示，双方约定讼争船舶转让给王某某后，由徐某某继续经营管理，王某某亦以徐某某所欠借款支付了讼争船舶的对价。自该《协议书》生效时起，讼争船舶的所有权转移给王某某。综上，徐某某将讼争船舶转让王某某的行为合法有效，王某某依法享有讼争船舶的所有权。

相关法条

1.《中华人民共和国民法典》第二百二十八条　动产物权转让时，当事人又约定由出让人继续占有该动产的，物权自该约定生效时发生效力。

2.《中华人民共和国民法典》第二百四十条　所有权人对自己的不动产或者动产，依法享有占有、使用、收益和处分的权利。

离婚后，自建房屋谁有权继续居住

◆（第 209 条、第 231 条）◆

基本案情

原告的兄长李某原夫妇将其在贵阳市云岩区宅吉路×号老房子（共2层，砖混结构，每层110m²）基础上加修的第三层房屋右边两间无偿赠与原告。原告、被告登记结婚后搬入上述房屋居住。因原告、被告感情不和，原告搬离上述房屋分居。后经云岩区人民法院调解离婚。离婚后，被告仍然居住在上述房屋内，原告多次催促被告搬离，被告均不予理睬，故诉至法院请求判令被告立即搬离原告所属房屋，腾空后交还。

问题描述

原告是不是本案诉争房屋的权利人，是本案的首要问题。民法典明确规定，因合法建造、拆除房屋等事实行为设立或者消灭物权的，自事实行为成就时发生效力。因事实行为设立物权的，需基于合法建造的事实。本案的争议焦点是，该自建房屋未办理产权登记及过户登记，原告对所涉房屋是否具有处分权；原告、被告离婚后，争议房屋该如何分配。

裁判情况

本案一审判决生效。法院认为原告未在庭审中提供房屋属于合法建造的有利证据，不能认定原告对于李某原合法建造获得物权。即使依照物权法的规定基于事实行为获得了不动产物权,在处分物权时,仍然应当进行登记。不动产的登记实施统一登记制度,同时,原告也未向一审法院提供证据证明原告对于诉争房屋享有所有权之外的占有、使用、收益和处分的权利。

裁判结论:驳回原告诉讼请求。

释法析理

本案系因事实行为设立物权纠纷。原告认为其通过兄长的赠与,获得了本案所涉房屋的所有权。首先要解决的第一个问题是,所涉房屋系原告兄长自建,是否享有民法意义上的所有权。《中华人民共和国民法典》第231条规定,因合法建造、拆除房屋等事实行为设立或者消灭物权的,自事实行为成就时发生效力。本案所涉房屋,在原告兄长加修自家房屋完成后,原告兄长通过事实行为取得对上述房屋的物权,也就是说原告兄长取得了上述房屋的所有权;后原告兄长赠与原告,继而由原告通过赠与取得上述房屋的物权。

既然原告通过赠与获得了上述房屋的物权,为什么他要求被告搬离房屋的诉求没有得到法院的判决支持呢?因为我国物权属于严格法定,其中不动产物权的设立、变更、转让和消灭,非有法律规定的其他原因的,依法登记之后才发生效力,未经登记不发生效力。《中华人民共和国民法典》第209条规定,不动产物权的设立、变更、转让和消灭,经依法登记,发生效力;未经登记,不发生效力,但是法律另有规定的除外。也就是说,之所以诉求无法得到支持,是因为原告没有对上述房屋进行不动产登记。本案中,原告兄长要想将该房屋产权转让给原告时,应先对加修的房屋进行不动产登记,并且在赠与原告时,办理变更登记。本案所涉房屋,原告与兄长既未进行不动产登记,也未进行变更登记,同时原告也未向法院提供证据证明对于诉争房屋享有所有权之外的占有、使用、收益和处分的权利。综上，本案原告未取得所涉房屋的所有权。现原告、被告离婚，原告要求被告搬离房屋的诉求，因原告对所涉房屋没有处分权利，诉求未得到法院支持。

原告若想让被告搬离房屋，需先让其兄长对赠与房屋进行登记，再将房屋变更登记到自己名下，才能享有对房屋的处分权，进而要求被告搬离。

相关法条

1.《中华人民共和国民法典》第二百零九条　不动产物权的设立、变更、转让和消灭，经依法登记，发生效力；未经登记，不发生效力，但是法律另有规定的除外。

依法属于国家所有的自然资源，所有权可以不登记。

2.《中华人民共和国民法典》第二百三十一条　因合法建造、拆除房屋等事实行为设立或者消灭物权的，自事实行为成就时发生效力。

买房赠送的地下储藏室究竟归谁

（第 215 条、第 233 条、第 235 条、第 236 条）

基本案情

第三人青岛××国际村置业有限公司与原告戴某潭签订《千禧国际村地下储藏室赠送协议书》，协议书中载明：双方签订商品房买卖合同，由原告购买第三人开发建设的位于青岛市城阳区空港路与正阳路交会处的"千禧国际村"××号楼一层××号房屋一套。该协议书第 1 条约定，在原告按时付清全部房款后，第三人将"千禧国际村"项目 3××-×号楼下的储藏室之使用权赠送给原告，协议生效后，原告戴某潭即享有该储藏室的使用权，该储藏室不能办理产权证。被告谢某福认为，涉案储藏室的区域为自己购买的 3××号楼的附属区域，用于安放各种管道，属于公共区域，该区域在规划中的性质也并非用于建造储藏室，因此使用权应属于该楼的业主所有，开发商无权处分，双方的赠送协议无效。后原告发现涉案储藏室被被告安装了铁门，并一直占有使用。原告认为被告的行为严重侵害了自己的合法权利，在屡次劝告（甚至报警）无效的情况下，无奈向法院提起诉讼，请求判令被告停止侵权、排除妨害，将侵占的储藏室交还原告。

问题描述

原告戴某潭是否对涉案储藏室享有所有权，是本案的首要问题。民法明确规定，当事人之间订立有关设立、变更、转让和消灭不动产物权的合同，除法律另有规定或者当事人另有约定外，自合同成立时生效；未办理物权登记的，不影响合同效力。也就是说，本案的原告基于与第三人之间的协议取得了储藏室的物权。本案的争议焦点是，未经登记的储藏室被占有，能否基于返还原物请求权要求被告返还。

裁判情况

本案一审判决生效。法院认为原告根据协议已经取得了涉案储藏室的管理使用权。被告辩称该涉案储藏室属公共区域，但并未提供证据证明，因此，对被告关于该涉案储藏室系公共区域的辩解不予采信。原告自协议签订之日起，就有理由相信该涉案储藏室并非公共区域，而且也有充分理由相信其对该储藏室享有管理使用权。被告谢某福对涉案储藏室不享有所有权，亦不享有管理使用的权利。被告自行改造储藏室的行为已经构成了对原告物权的侵害，应当承担责任，立即将储藏室返还原告。

裁判结论：被告于判决生效之日起10日内将储藏室腾出交还原告。

释法析理

本案系返还原物请求权纠纷。本案原告基于房屋买卖协议取得了储藏室的物权，被告私自对储藏室上锁的行为，侵害了其物权利益，《中华人民共和国民法典》第235条规定，无权占有不动产或者动产的，权利人可以请求返还原物。返还原物请求权的构成要件有以下三点：（1）享有返还原物请求权的权利人为物权人。行使返还原物请求权的主体应为失去占有的所有权人、他物权人及其他依法享有权利的人。本案中,储藏室虽然无法办理产权登记,但原告基于与第三人的购房协议已经取得了储藏室的管理使用权。(2)须有他人无权占有动产或不动产的事实。无权占有,指没有法律根据、没有合法原因的占有。一般包括两种情形:其一,占有人从占有之始就没有法律根据。其二,占有之始本来有法律根据,但是后来该根据消灭。本案中的被告未提供证据证明储藏室是公共区域就擅自对储藏室上锁的行为属于第一种,从占有之始就没有法律依据。(3)相对人须为现在的无权占有人,指现在仍事实上管领其物但无正当权源的人,即本案被告。综上,被告擅自对储藏室上锁的行为侵害了原告对储藏室享有的物权利益,基于返还原物请求权要求被告返还的诉求得到了法院的判决支持。判决生效后,被告须立即将储藏室返还给原告使用。

相关法条

1.《中华人民共和国民法典》第二百一十五条　当事人之间订立有关设立、变更、转让和消灭不动产物权的合同,除法律另有规定或者当事人另有约定外,自合同成立时生效;未办理物权登记的,不影响合同效力。

2.《中华人民共和国民法典》第二百三十三条　物权受到侵害的,权利人可以通过和解、调解、仲裁、诉讼等途径解决。

3.《中华人民共和国民法典》第二百三十五条　无权占有不动产或者动产的,权利人可以请求返还原物。

4.《中华人民共和国民法典》第二百三十六条　妨害物权或者可能妨害物权的,权利人可以请求排除妨害或者消除危险。

孙女基于协议暂住祖父遗留房屋能否要求其支付租金

(第236条、第238条)

基本案情

位于北京市西城区毡子胡同×号房号4、5、6号房屋登记的房屋所有权人为孙某武。孙某武去世后,其子女孙某善、孙某德、孙某梅与被告孙某云,即孙某武长孙女,签署《关于毡子胡同先父孙某武遗留下的房产处理的协议》,对孙某云继续使用房屋进行了约定,待其有了居住地方,再直接交回产权继承人孙某善等三人。之后,因孙某武三子孙某德去世,原告李某贤、孙某环、孙某敏等人,系孙某武三儿子孙某德直系亲属,通过法定继承,取得孙某德的遗产份额。现原告要求被告立即搬离房屋,并支付房屋占有费。被告则辩称其一直与祖父共同居住,照顾老人并赡养老人,尽到了主要的赡养义务,并且一直通过各种方式想购买原告所有的房屋份额,但因为各种原因未果。在居住过程中,因房屋损毁,自己多次修缮,原告所涉房屋已不复存在,认为原告已无处分权,原告、被告双方因所涉房屋是否需要支付占有费并返还纠纷诉至法院。

问题描述

被告作为孙女暂住祖父房屋,并与法定继承人签订了协议,而原告通过法定继承其亲属孙某德的房屋份额,但因被告的居住无法得以实现,存在物权侵害问题。民法明确规定，妨害物权或者可能妨害物权的，权利人可以请求排除妨害或者消除危险。侵害物权，造成权利人损害的，权利人可以依法请求损害赔偿，也可以依法请求承担其他民事责任。本案争议的焦点问题是被告是否需向原告返还房屋并支付对应房屋占有费。

裁判情况

本案一审判决生效。法院认为原告对涉案房屋享有相应的物权。但案涉房屋由被告居住使用，原告未能实际居住使用案涉房屋，被告应对原告进行补偿，支付相应的房屋占有使用费。房屋占有使用费的起算时间以原告起诉之日起开始计算。

裁判结论：被告向原告支付房屋占有使用费。

释法析理

本案系排除妨害请求权纠纷。原告方认为被告侵占房屋，影响其物权的行使，向法院提出诉求，要求被告立即搬离所涉房屋，并支付占有使用费。《中华人民共和国民法典》第236条规定："妨害物权或者可能妨害物权的，权利人可以请求排除妨害或者消除危险。"排除妨害请求权的构成要件主要包括：第一，请求权人享有物权。本案中，原告因孙某德死亡，通过法定继承，继承了其享有的房屋份额，获得对本案所涉房屋的物权。第二，须有妨害物权的事实。被告占有房屋是基于原来其与孙某善、孙某德、孙某梅的协议，但该协议因孙某德死亡，根据合同相对性的原则，上述协议对原告并不具有约束力，被告无权强制要求原告方依约履行。第三，物权人无容忍义务。被告一直占有所涉房屋，致使原告未能实际居住使用涉案房屋，原告没有容忍义务。第四，相对人为物权妨害人即本案被告。综上，被告的行为侵害了原告物权的行使，原告可以要求被告排除妨害。《中华人民共和国民法典》第 238 条规定："侵害物权，造成权利人损害的，权利人可以依法请求损害赔偿，也可以依法请求承担其他民事责任。"因此，本案原告有权要求被告返还房屋，并要求被告进行损害赔偿，即向原告支付一定期间的房屋占有费，上述诉求得到了法院的判决支持。

相关法条

1. 《中华人民共和国民法典》第二百三十六条　妨害物权或者可能妨害物权的，权利人可以请求排除妨害或者消除危险。

2. 《中华人民共和国民法典》第二百三十八条　侵害物权，造成权利人损害的，权利人可以依法请求损害赔偿，也可以依法请求承担其他民事责任。

自家房屋挑檐被拆除,究竟谁之过

（第 233 条、第 237 条、第 288 条）

基本案情

原告、被告双方系同村村民,毗邻而居。原告徐某平拆建房屋,建房过程中,徐某平房屋西面挑檐20厘米,被告徐某忠认为该挑檐部分对应的土地使用权归属自己而阻止徐某平进行挑檐,由此发生纠纷。经调解,原告徐某平与被告徐某忠之父徐某贵达成协议,约定:甲方（徐某平）房屋的西头挑沿（檐）部分为乙方（徐某贵）土地,经协商乙方同意甲方挑沿（檐）20厘米;甲方建房完毕后,若乙方需建房,甲方必须同意乙方从厨房至住宅房的东头紧沿甲方西头墙体单独砌墙上去,如乙方建房高出甲方挑沿（檐）,甲方必须将此20厘米挑沿（檐）全部切割掉,切割时甲、乙双方需共同参与,不得用重锤砸,防止甲方整体屋面受损。协议后,原告徐某平依约挑檐20厘米。之后,被告徐某忠拟申请建房,并多次以电话或短信方式与原告徐某平及其子联系,要求徐某平履行协议、拆除挑檐,未果。徐某忠遂自行搭设脚手架,对争议部分挑檐进行拆除,原告徐某平为此提起诉讼,要求被告对自家房屋挑檐恢复原状。

问题描述

民法规定,造成不动产或者动产毁损的,权利人可以依法请求修理、重作、更换或者恢复原状。本案的争议焦点在于原告方未依照协议履行约定在前，被告方解决无果下才自行拆除，上述前提下，还能否适用民法的规定，要求被告方恢复原状。

裁判情况

本案经过一审、二审。二审法院认为，原告徐某平与被告徐某忠之父作为不动产的相邻权利人，在房屋挑檐发生纠纷后，已按有利生产、方便生活、团结互助、公平合理的原则正确处理了相邻关系，并在此基础上协商达成了书面协议，该协议系双方的真实意思表示，不违反法律、行政法规的规定，且充分考虑了方便生活、公平合理的原则，双方均应按协议约定履行义务。被告徐某忠在原告徐某平未履行协议内容时，应通过正当合法的途径督促其履行，而不能通过非法手段进行处理，其擅自拆除徐某平房屋挑檐的行为实属不当，应予以制止纠正。现案涉原告徐某平房屋西面的20厘米挑檐原审法院另案已判决徐某平拆除，原告诉请被告恢复原状，与其相悖，原审法院不予支持。

裁判结论：判决驳回原告的诉讼请求。

释法析理

本案系恢复原状请求权纠纷。原告认为被告私自拆除其房屋挑檐的行为侵害了其物权，要求被告恢复原状，但最终法院判决并未支持其诉讼请求。分析如下：本案中，原告方首先依据调解协议对自家房屋西面挑檐20厘米，在被告方需要建房、原告需履行协议内容时，未积极履行，后被告便擅自拆除原告房屋挑檐，造成原告方的部分不动产毁损。《中华人民共和国民法典》第237条规定："造成不动产或者动产毁损的，权利人可以依法请求修理、重作、更换或者恢复原状。"原告方有权要求被告方恢复原状。但之所以原告诉求未得到法院判决支持，是因为：本案中，原告与被告父亲订立的关于挑檐部分对应的土地使用权的调解协议，符合立法关于"不动产的相邻权利人应当按照有利生产、方便生活、团结互助、公平合理的原则，正确处理相邻关系"之规定，应当确认有效。基于双方平等的协议内容，原告未履约在前，后又要求恢复已被判决切割的挑檐，缺乏事实基础，才使得上述诉求不能得到法院支持。

相关法条

1. 《中华人民共和国民法典》第二百三十三条　物权受到侵害的，权利人可以通过和解、调解、仲裁、诉讼等途径解决。

2. 《中华人民共和国民法典》第二百三十七条　造成不动产或者动产毁损的，权利人可以依法请求修理、重作、更换或者恢复原状。

3. 《中华人民共和国民法典》第二百八十八条　不动产的相邻权利人应当按照有利生产、方便生活、团结互助、公平合理的原则，正确处理相邻关系。

对方不赔钱，我能私自拿他财产吗

（第 240 条、第 258 条、第 265 条、第 267 条）

基本案情

宁某用自己的牵引车及挂车从事个体货车运输多年。后经相识的司机介绍，到某运输公司从事货物运输。宁某和该公司签订《车辆租用运输合同》，约定宁某提供其牵引车和半挂车为公司运输货物，公司每月支付租金25000元。某日，宁某在为公司运输货物途中，车辆发生自燃，导致运送的货物全部烧毁，损失巨大。公司与宁某协商货物损失赔偿未能达成一致意见，公司遂派人私自将宁某的牵引车及挂车开走，扣押于该公司办公地点。宁某向该公司交涉要求放车被拒绝。无奈之下，宁某诉至法院，要求公司返还车辆并赔偿停运损失。

问题描述

民法明确规定，所有权人对自己的动产或者不动产，依法享有占有、使用、收益和处分的权利。宁某因运输中车辆自燃造成了公司货物损失，公司能否因此私自开走宁某车辆，该行为是否侵害了宁某对车辆的所有权，是本案焦点问题。

裁判情况

法院审理后认为，宁某对其车辆依法享有占有、使用、收益、处分的权利，其在给该公司运输货物的途中发生火灾，造成货物遭受火灾损失，该公司完全可以通过合法途径解决其货物损失后的纠纷，但该公司却在责任不明的情况下，非法扣押宁某所有的车辆，侵犯了宁某的物权，给宁某造成了一定的经济损失。

裁判结论：公司返还扣押的车辆，并赔偿被扣押期间的停运损失。

释法析理

所有权，是指所有权人对自己的不动产或者动产，依法享有占有、使用、收益和处分的权利。所有权是一种最充分的权利，是一种绝对的权利。所有权人一方面有权占有、使用、收益和处分其所有的不动产或者动产，另一方面有权排除他人非法干预其行使权利。《中华人民共和国民法典》第240条规定："所有权人对自己的不动产或者动产，依法享有占有、使用、收益和处分的权利。"同时，第258条、第265条、第267条明确规定，国家、集体、私人的合法财产受法律保护，禁止侵害。本案中，宁某是案涉牵引车及挂车的所有权人，根据其与公司签订的《车辆租用运输合同》，其提供车辆为公司运输货物，但车辆的所有权并未因此变更。公司因货运合同纠纷非法扣押承运人宁某的车辆，侵害了宁某作为该车所有权人的合法权利，依法应当返还并赔偿因该车被非法扣押而造成的停运损失。

相关法条

1.《中华人民共和国民法典》第二百四十条　所有权人对自己的不

动产或者动产，依法享有占有、使用、收益和处分的权利。

2.《中华人民共和国民法典》第二百五十八条　国家所有的财产受法律保护，禁止任何组织或者个人侵占、哄抢、私分、截留、破坏。

3.《中华人民共和国民法典》第二百六十五条　集体所有的财产受法律保护，禁止任何组织或者个人侵占、哄抢、私分、破坏。

农村集体经济组织、村民委员会或者其负责人作出的决定侵害集体成员合法权益的，受侵害的集体成员可以请求人民法院予以撤销。

4.《中华人民共和国民法典》第二百六十七条　私人的合法财产受法律保护，禁止任何组织或者个人侵占、哄抢、破坏。

征收集体土地是否应当补偿被征地农民的损失

◆（第 243 条）◆

基本案情

方某某与陈某甲婚后生长子陈某乙和次子陈某丙。方某某婚后户口一直未迁出农村，后村里统一调整土地时，村委会分给方某某责任田1.52亩，陈某丙因属于计划外生育未分地。此后某酒厂扩建，征收该村418.16亩土地，方某某的责任田也在该范围内。村委会在将土地补偿费分发给各农户时，以方某某的丈夫属农村户口，方某某应在其丈夫处分地为理由，仅发给方某某青苗补偿费388.80元，不发给方某某土地补偿费、安置补助费合计10181.60元，且没有安排其就业，造成方某某生活十分困难。后方某某多次找村委会要求给付土地补偿费未果，于是方某某向法院提起诉讼。

问题描述

本案是一起农村村民委员会侵犯农民权益而发生的土地补偿费纠纷案件。承包地被征收，依法可得到哪些补偿，是本案焦点问题。

裁判情况

法院审理后认为，本案中，方某某的承包地被依法征收，应得到作为其生活补助的土地补偿费,而且本村村委会应当足额安排其社会保障费用,维护其生活。村委会的行为明显违反了该规定。方某某的责任田被征收后,没有安排就业,生活确实困难,需要必要的就业资金和生活补助。

裁判结论:村委会如数发给方某某土地补偿费用。

释法析理

征收是国家行政权取得集体、单位和个人的财产所有权的行为。征收是政府行使行政权取得所有权,是对所有权的限制。征收导致所有权的丧失,当然对所有权人造成损害。我国因城市规划拆迁而征收居民房屋,因公共建设、城市规划而征收集体土地,较为普遍。为了限制和规范征收行为,《中华人民共和国民法典》第243条对征收作出了明确的限制:(1)应基于公共利益需要;(2)应依照法律规定的权限和程序实施;(3)应依法给予征收补偿,尤其是征收集体所有的土地,特别强调要"及时足额"支付补偿费用,并列明具体的补偿内容包括土地补偿费、安置补助费以及农村村民住宅、其他地上附着物和青苗等的补偿费用,以保障被征地农民的生活。本案中,方某某的承包田被征收后,应得到作为其生活补助的土地补偿费。村委会以方某某丈夫属农村户口、其应在丈夫处分地为由,不发给方某某土地补偿费、安置补助费,违反法律规定,侵害了失地农民的合法权益。

相关法条

《中华人民共和国民法典》第二百四十三条 为了公共利益的需要,依照法律规定的权限和程序可以征收集体所有的土地和组织、个人的房屋以及其他不动产。

征收集体所有的土地，应当依法及时足额支付土地补偿费、安置补助费以及农村村民住宅、其他地上附着物和青苗等的补偿费用，并安排被征地农民的社会保障费用，保障被征地农民的生活，维护被征地农民的合法权益。

征收组织、个人的房屋以及其他不动产，应当依法给予征收补偿，维护被征收人的合法权益；征收个人住宅的，还应当保障被征收人的居住条件。

任何组织或者个人不得贪污、挪用、私分、截留、拖欠征收补偿费等费用。

我挖到的乌木归谁

◆（第 246 条、第 251 条）◆

基本案情

潼南县前进村村民王某在涪江河内的淤泥中发现一根乌木，他将此事告诉了同村的匡某等 8 人。此后，9 人用匡某的挖掘机一起对乌木进行了挖掘打捞。经测量，乌木长约 30 米。9 人联系买家后将乌木卖了 19.6 万余元。不久，县财政局将王某等人起诉至法院，要求他们返还卖乌木后各分得的钱款。"潼南乌木案"引发舆论关注。

问题描述

乌木、狗头金等案件引发争议，根本原因在于其自然属性和法律属性的不明确。对此法律界也有不同观点，都会涉及国家所有权的界定。本案的争议焦点是，王某等出卖自己挖得的乌木所获得的款项是否应当返还。

裁判情况

法院审理后认为，除法律规定属于集体所有的以外，自然资源属于国家所有。乌木形成于自然，属于自然资源，不属于法律规定属于集体所有的范围，属于国家所有。因此，原告潼南县财政局作为潼南县国有资产管理部门，要求被告王某等返还分得的乌木款项的诉讼请求于法有据。但被告在挖掘、打捞及看护期间的劳务费、误工费等费用应予以扣除。

裁判结论：判决在扣除挖掘和打捞费用后，王某等将分得的乌木款项返还潼南县财政局。

释法析理

国家财产的所有权是整个社会主义民法所要研究的最基本的理论问题，专门与集中规定，不意味着特殊保护，而在于体现巨额的国家财产存量的现实国情。在民法典中对于国家所有财产的规定基本可以概括为三大方面：（1）国家所有权范围。法律规定属于国家所有的财产，属于国家所有即全民所有。国有财产由国务院代表国家行使所有权。法律另有规定的，依照其规定。（2）国家所有权的行使。国家机关和国家举办的事业单位，对其直接支配的不动产和动产，享有占有、使用以及依法处分的权利，还有依法收益的权利。国家出资的企业，由国务院、地方人民政府依照法律、行政法规规定分别代表国家履行出资人职责，享有出资人权益。（3）国家所有权的保护。国家所有的财产受法律保护，禁止任何组织或者个人侵占、哄抢、私分、截留、破坏。

相关法条

1. 《中华人民共和国民法典》第二百四十六条　法律规定属于国家所有的财产，属于国家所有即全民所有。

国有财产由国务院代表国家行使所有权。法律另有规定的，依照其规定。

2. 《中华人民共和国民法典》第二百五十一条　法律规定属于国家所有的野生动植物资源，属于国家所有。

无居民海岛能想占就占吗
(第248条、第258条)

基本案情

观音礁屿位于福建省连江县筱埕镇定海湾海域，总面积约177平方米。福建连江县某渔港开发公司，未经国家相关部门批准，在观音礁屿上擅自施工搭建了小桥、亭子、假山等景观，同时还将观音礁屿用砂石围住，导致观音礁屿变成一处陆地景观，占用观音礁屿面积约120平方米，同时严重损害该海岛周边约500平方米海域的生态环境。

问题描述

在无居民的海岛上搭建景观，是否属于违法行为？

裁判情况

经福建海警局调查，福州某渔港开发公司在连江县观音礁屿上擅自施工搭建小桥、假山等景观，搭建行为未经批准，属于破坏无居民海岛违法行为。

处理结论：依据《中华人民共和国海岛保护法》第48条，对该公司作出责令停止违法行为，并处25万元罚款的决定。该公司签收了行政处罚决定书并承诺限期恢复原貌。

释法析理

《中华人民共和国民法典》第 248 条规定，无居民海岛属于国家所有，国务院代表国家行使无居民海岛所有权。这是民法典在物权法基础上新增的内容，吸收了《中华人民共和国海岛保护法》第 4 条的规定。《中华人民共和国民法典》第 258 条同时规定，国家所有的财产受法律保护，禁止任何组织或者个人侵占、哄抢、私分、截留、破坏。因此，无居民海岛不能想占就占。本案中，福州某渔港开发公司在连江县观音岛礁上擅自施工搭建小桥、假山等景观的行为，明显违反了法律规定，依法应受到相应的处罚。

相关法条

1. 《中华人民共和国民法典》第二百四十八条　无居民海岛属于国家所有，国务院代表国家行使无居民海岛所有权。

2. 《中华人民共和国民法典》第二百五十八条　国家所有的财产受法律保护，禁止任何组织或者个人侵占、哄抢、私分、截留、破坏。

3. 《中华人民共和国海岛保护法》第四十八条　违反本法规定，进行严重改变无居民海岛自然地形、地貌的活动的，由县级以上人民政府海洋主管部门责令停止违法行为，处以五万元以上五十万元以下的罚款。

我的"地盘"我作主吗

◆（第 250 条、第 260 条）◆

基本案情

赵某在野外开垦了一块荒地，种植土豆等蔬菜以解决家中吃菜问题，后家里经济条件改善，赵某仅在此地边缘种植，其余大部分地未再种植。黄某听说此地已几乎无人种植，遂与家人对此地进行了平整。黄某正准备在平整后的土地上种植时，赵某前来阻止，说此地是其早年开垦，这几年虽未种植，但没有放弃使用权。双方因此发生争执，后经镇司法所主持调解未果。来年春天，黄某又准备在此地进行种植时，发现地已由赵某种上，遂向法院起诉，以此荒地是自己开垦为由，要求赵某归还此地的使用权。赵某辩称，此地是其早年开垦，虽已两年未种，但没有放弃，黄某去平整时，已经讲明是赵某的，考虑黄某出了一定劳务，故让其种了一年。

问题描述

荒地谁先开垦就归谁吗？开垦荒地能否因此获得荒地使用权，是本案焦点问题。

裁判情况

法院审理后认为，荒地依法属于国家或者集体所有，任何人不得侵占。土地所有权和使用权争议，由当事人协商解决，协商不成的，由人民政府处理。对政府处理决定不服的，可依法提起诉讼。在土地所有权和使用权争议解决前，任何一方不得改变土地利用现状。

裁判结论：驳回黄某的诉讼请求。

释法析理

本案核心问题是荒地的归属权问题。《中华人民共和国民法典》第250条规定，森林、山岭、草原、荒地、滩涂等自然资源，属于国家所有，但是法律规定属于集体所有的除外。因此，荒地的所有权归国家或者集体所有。为了合理开发利用荒地，《中华人民共和国土地管理法》第41条规定，开发未确定使用权的国有荒山、荒地、荒滩从事种植业、林业、畜牧业、渔业生产的，经县级以上人民政府依法批准，可以确定给开发单位或者个人长期使用。对于土地所有权和使用权争议，《中华人民共和国土地管理法》第14条明确，由当事人协商解决，协商不成的，由人民政府处理。本案双方本质上是对荒地的使用权发生争议，应先向政府申请处理。

相关法条

1.《中华人民共和国民法典》第二百五十条　森林、山岭、草原、荒地、滩涂等自然资源，属于国家所有，但是法律规定属于集体所有的除外。

2.《中华人民共和国民法典》第二百六十条　集体所有的不动产和动产包括：

（一）法律规定属于集体所有的土地和森林、山岭、草原、荒地、滩涂；

(二) 集体所有的建筑物、生产设施、农田水利设施；

(三) 集体所有的教育、科学、文化、卫生、体育等设施；

(四) 集体所有的其他不动产和动产。

3.《中华人民共和国土地管理法》第十四条 土地所有权和使用权争议，由当事人协商解决；协商不成的，由人民政府处理。

单位之间的争议，由县级以上人民政府处理；个人之间、个人与单位之间的争议，由乡级人民政府或者县级以上人民政府处理。

当事人对有关人民政府的处理决定不服的，可以自接到处理决定通知之日起三十日内，向人民法院起诉。

在土地所有权和使用权争议解决前，任何一方不得改变土地利用现状。

4.《中华人民共和国土地管理法》第四十一条 开发未确定使用权的国有荒山、荒地、荒滩从事种植业、林业、畜牧业、渔业生产的，经县级以上人民政府依法批准，可以确定给开发单位或者个人长期使用。

集体能动我的"奶酪"吗

（第 261 条、第 265 条）

基本案情

张某甲与李某某二婚三胎生育张某乙，出生后即因出生入户在其父母所在的滦平县某村二组。张某乙出生之前，该村村委会召开村民代表会议，决定：再婚子女如果有两个以上子女，再婚子女（第三胎）不享受村民待遇，不再给予农户分配。之后，村委会向村每人分配矿石提成款 47000 元，但未分配给张某乙。张某乙遂诉至法院，要求确认其滦平县某村集体经济组织成员资格，并支付矿石提成款。法院以确认资格不属于受案范围为由驳回。后张某乙向所在乡政府申请确认集体经济组织成员资格，在得到确认后再次向法院起诉，要求分配矿石提成款、赔偿相关差旅费及精神损失。

问题描述

集体经济组织身份的确认是否属于法院受案范围；农村集体经济组织、村民委员会作出的决定，如侵害村民合法权益，能否申请法院撤销，是本案焦点问题。

裁判情况

本案经过一审、二审。法院认为，原告张某乙出生入户于滦平县某村二组，经过乡政府确认，具有该村二组集体经济组织成员资格。该村二组的矿石提成款属于集体收益，应当由村集体经济组织成员共同享有，原告张某乙作为该村二组集体经济组织成员，享有集体经济收益分配权。滦平县某村村委会代表会议决定侵害了原告合法权益。

裁判结论：被告滦平县某村二组及村委会付给张某乙该项补偿款47000元，其他诉求因证据不足不予支持。

释法析理

集体经济组织成员资格确认问题，不是一般意义上平等主体之间的民事权利义务纠纷，属于村民自治范畴，应当向当地乡镇政府请求解决，不属于人民法院民事案件受理范围。村民委员会或者村民委员会成员作出的决定侵害村民合法权益，受侵害的村民可以申请人民法院予以撤销，责任人依法承担法律责任。

相关法条

1. 《中华人民共和国民法典》第二百六十一条　农民集体所有的不动产和动产，属于本集体成员集体所有。

下列事项应当依照法定程序经本集体成员决定：

（一）土地承包方案以及将土地发包给本集体以外的组织或者个人承包；

（二）个别土地承包经营权人之间承包地的调整；

（三）土地补偿费等费用的使用、分配办法；

（四）集体出资的企业的所有权变动等事项；

（五）法律规定的其他事项。

2. **《中华人民共和国民法典》第二百六十五条** 集体所有的财产受法律保护,禁止任何组织或者个人侵占、哄抢、私分、破坏。

农村集体经济组织、村民委员会或者其负责人作出的决定侵害集体成员合法权益的,受侵害的集体成员可以请求人民法院予以撤销。

业主对小区公共区域可以任意改造吗

（第 271 条、第 272 条、第 273 条、第 274 条）

基本案情

景某系某市某区润园某幢乙单元1002室业主，周某系1001室业主，二人系相邻关系。1001室、1002室之间通道（近1001室门前）两侧原安装有防水台及半幅栏杆，北侧栏杆外原有一开放式平台，平台外沿亦有半幅栏杆，南侧栏杆外为天井，与1002室北面房间窗户相对。通道内原安装有铝合金材质（中为玻璃）对开门。周某在装修、使用房屋过程中对通道进行了改造，将通道北侧半幅栏杆及防水台拆除，在平台外沿半幅栏杆内安装了全幅铝合金窗户（下半部分固定，上半部分可移动），将南侧原半幅栏杆拆除，重新安装全幅栏杆及半幅铝合金窗户（固定，不可移动），将平台地面沿通道地面高度进行了浇筑、铺贴了瓷砖，并将通道内原铝合金门拆除，更换为单扇不锈钢门。因上述事由，景某与周某产生纠纷，景某遂诉至法院，请求判令被告周某排除妨碍，恢复原状。

问题描述

本案争议焦点在于，被告周某擅自对公共区域通道及平台进行改造，是否侵犯了原告景某的建筑物所有权。

裁判情况

法院审理后认为，建筑区划内的公共场所、公用设施和物业服务用房，属于业主共有。业主或其他行为人违章改建、侵占、挖掘公共通道、道路等共有部分的，其他业主有权要求行为人停止侵害、消除危险、排除妨害、赔偿损失。本案中，原告、被告系相邻关系，两户之间通道及栏杆外平台系业主共有部分，业主对共有部分共同享有权利、承担义务。被告擅自对通道及平台进行改造，违反法律规定。

裁判结论：判令被告拆除公共通道南、北两侧的铝合金窗，南侧栏杆以及通道内不锈钢门，并恢复原状。

释法析理

建筑区划内的道路、绿地、其他公共场所、公用设施和物业服务用房作为建筑物的附属设施，原则上归业主共有。业主对共有部分享有共有权，即每个业主在法律对所有权未作特殊规定的情形下，对共有部分享有占有、使用、收益或者处分的权利。但是，如何行使占有、使用、收益或者处分的权利，应依据法律、法规和建筑区划管理规约的规定。同时，业主对共有部分有共有权，还应当承担义务，例如，不得在共有部分任意弃置垃圾、违章搭建，不得随意侵占通道等。本案中，周某擅自对公共区域通道及平台进行改造的行为，违反了法律规定，依法有义务拆除并恢复原状。

相关法条

1.《中华人民共和国民法典》第二百七十一条 业主对建筑物内的住宅、经营性用房等专有部分享有所有权，对专有部分以外的共有部分享有共有和共同管理的权利。

2.《中华人民共和国民法典》第二百七十二条 业主对其建筑物专有部分享有占有、使用、收益和处分的权利。业主行使权利不得危及建筑物的安全,不得损害其他业主的合法权益。

3.《中华人民共和国民法典》第二百七十三条 业主对建筑物专有部分以外的共有部分,享有权利,承担义务;不得以放弃权利为由不履行义务。

业主转让建筑物内的住宅、经营性用房,其对共有部分享有的共有和共同管理的权利一并转让。

4.《中华人民共和国民法典》第二百七十四条 建筑区划内的道路,属于业主共有,但是属于城镇公共道路的除外。建筑区划内的绿地,属于业主共有,但是属于城镇公共绿地或者明示属于个人的除外。建筑区划内的其他公共场所、公用设施和物业服务用房,属于业主共有。

外墙广告牌可以随意悬挂吗
(第271条、第272条)

基本案情

某银行南充分行与南充某开发商签订了《房屋租赁合同》，承租了该公司所有的位于小区临街的3间门面房开设营业网点，租赁期限为7年。合同约定，该银行有权在租赁房屋外墙面设置与银行业务相关的店招、广告等。后开发商书面告知该银行，同意该行在租赁门面的小区9栋外墙安装广告牌，但不能侵犯其他业主权益。同年9月，广告公司在案涉小区9栋7楼至11楼外墙安装了该银行的巨型广告牌。该小区9栋7楼至11楼的张某、马某等5位业主，认为银行未经小区业主同意，擅自在小区外墙安装广告牌，侵犯了他们的合法权益，遂将该银行告上法院，请求判令对外墙体广告牌进行拆除，对墙体恢复原状。

问题描述

本案争议焦点在于，银行的外墙体广告牌是否侵犯了其他业主的建筑物所有权，该外墙广告是否应当拆除。

裁判情况

法院审理后认为，所涉小区9栋外墙属于全体业主共有，对共有部分如何使用和处分，应由全体业主决定。5名原告均系外墙共有人，案涉标识标牌安装在 7 楼至 11 楼外墙，对 5 名原告影响最为直接。银行未经全体业主同意，在外墙设置标识牌的行为侵害了包括 5 名原告在内的全体产权共有人的所有权和共同管理权，存在过错，应当依法承担侵权责任。

裁判结论：银行于判决生效之日起 10 日内拆除小区 9 栋 7 楼至 11 楼外墙的广告标识牌，恢复原状。

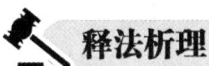

《中华人民共和国民法典》第 271 条规定："业主对建筑物内的住宅、经营性用房等专有部分享有所有权，对专有部分以外的共有部分享有共有和共同管理的权利。"第 272 条规定："业主对其建筑物专有部分享有占有、使用、收益和处分的权利。业主行使权利不得危及建筑物的安全，不得损害其他业主的合法权益。"建筑物所有权人对建筑物的自然延伸部分拥有占有、使用、处分的权利，当这种权利受到侵犯时，建筑物所有人基于物上请求权，可以要求侵权者停止侵害、排除妨害或者恢复原状。

相关法条

1. 《中华人民共和国民法典》第二百七十一条　业主对建筑物内的住宅、经营性用房等专有部分享有所有权，对专有部分以外的共有部分享有共有和共同管理的权利。

2. 《中华人民共和国民法典》第二百七十二条　业主对其建筑物专有部分享有占有、使用、收益和处分的权利。业主行使权利不得危及建筑物的安全，不得损害其他业主的合法权益。

小区内的车位归谁所有
（第275条、第276条）

基本案情

某房产公司以出让方式取得某市住宅用地一处，并取得该地块国有土地使用证。随后，市规划局出具了建设工程规划许可证，准许该房产公司建设总建筑面积为69440.79平方米（含地下6348.31平方米）的建筑，地上停车位为703个，其中住宅地上停车位为686个，商业地上停车位为17个。薛某某与房产公司签订《地上车位使用权租赁协议》一份，约定：薛某某租赁使用小区内的D1车位，支付车位租赁费42500元。合同签订后，薛某某便向房产公司支付了车位租赁费并使用该车位至今。之后，薛某某以小区地面车位是属于全体业主共有，房产公司无权再销售给小区业主为由，向法院提起诉讼，要求判令房产公司退还其所租地上车位的款项和利息。

问题描述

本案的争议焦点在于，被告某房产公司对小区地上车位是否具有处分的权利。

裁判情况

法院审理后认为，被告某房产公司通过出让的方式取得案涉小区地块规划用地,并在市规划局规划范围内建设房屋及车上停车位703个。所有人对自己的不动产依法享有占有、使用、收益和处分的权利,被告有权对自己建造的停车位享有处分的权利。规划区划内,规划用于停放汽车的车位、车库的归属,由当事人通过出售、附赠或者出租等方式约定。占用业主共有道路或者其他场地用于停放汽车的车位,属于业主共有。本案争议的车位已在规划区划内,规划用于汽车的停放,不属于占用共有道路的情形。原告薛某某与被告某房产公司签订的《地上车位使用权租赁协议》,是双方真实意思表示,不违反相关法律强制性规定,也不存在欺诈等情形,依法应认定有效。

裁判结论:驳回原告薛某某的诉讼请求。

释法析理

车位、车库的所有权归属涉及广大业主的切身利益,在业主的建筑物区分所有权中广受关注。《中华人民共和国民法典》第275条明确了车位、车库的所有权归属,即建筑区划内,规划用于停放汽车的车位、车库的归属,由当事人通过出售、附赠或者出租等方式约定;占用业主共有的道路或者其他场地用于停放汽车的车位,属于业主共有。同时,为优先保障业主的停车需要,该法第276条进一步明确,建筑区划内,规划用于停放汽车的车位、车库应当首先满足业主的需要。本案某房产公司出租的业主薛某某的车位依法不属于业主共有,某房产公司与薛某某签订的出租协议不违反法律规定,双方应按照协议约定履行。

相关法条

1.《中华人民共和国民法典》第二百七十五条　建筑区划内,规划用于停放汽车的车位、车库的归属,由当事人通过出售、附赠或者出租等方式约定。

占用业主共有的道路或者其他场地用于停放汽车的车位,属于业主共有。

2.《中华人民共和国民法典》第二百七十六条　建筑区划内,规划用于停放汽车的车位、车库应当首先满足业主的需要。

业委会可以撤换小区物业公司吗
（第 277 条）

基本案情

华邦房地产公司与某物业公司签订《物业合同》，约定由该物业公司为华邦公司开发的小区提供物业服务。随后，小区业主申请成立业主大会，并成立首次业主大会会议筹备组。小区首次业主大会召开后，以决议的形式通过了《业主规约》《议事规则》和《建议案》三项议案。之后，业委会向物业公司出具通知：业委会正式成立，业主大会决议该小区实行业委会领导下的物业服务中心运作模式，并已报区房管局。物业公司擅自进入小区，违反相关规定，要求物业公司立即撤离小区。

问题描述

本案中，小区成立了业委会，业委会通过了议案，并报房管局，是否能以此撤掉小区物业？这个问题关键要解决三方面问题：第一，《物业合同》的法律性质；第二，业委会是否具有诉讼权利；第三，小区是否具备物业移交条件。

裁判情况

本案先后经过一审、发回重审、二审。二审法院认为：第一，建筑单位与物业公司签订书面物业服务合同时，小区业主大会尚未成立，小区业主亦未选聘物业服务企业，故该合同符合前期物业服务合同的特征；第二，业委会有权以原告身份提起本诉讼；第三，通过《建议案》只是前提，能否进行物业交接，还取决于自治管理物业的《建议案》是否得到落实。但《建议案》未得到有效落实，目前尚不具备物业交接的条件。

裁判结论：驳回业委会的诉讼请求。

释法析理

整栋建筑物的所有权，实际上是一种特殊的按份共有。每一位业主都是共有人之一，享有共有的权利，也承担共有的义务。业主可以组成代表业主的团体，即业主大会和业主委员会，参与区分所有建筑物的管理：对小区一切经营活动的管理，有关建筑物之保存、改良、利用、处分，以及业主共同生活秩序的维持，等等。本案中，小区首次业主大会以决议的形式表决通过了《建议案》，决定实行业主大会自治管理小区物业，并授权业委会在业主大会闭幕期间行使诉讼或非诉讼的事宜，所以，业委会有权以原告身份提起本案诉讼。在自治管理物业的情形下，也应确保物业服务衔接的连贯性和安全性，这是实现小区业主公共利益的必然要求。因业委会未能提交证据证明《建议案》关于成立物业服务中心和专业物业服务项目的要求已得到有效落实，物业公司与业委会进行物业交接的条件尚不具备，故判决驳回业委会的诉讼请求。

相关法条

1. 《中华人民共和国民法典》第二百七十七条　业主可以设立业主大会，选举业主委员会。业主大会、业主委员会成立的具体条件和程序，依照法律、法规的规定。

地方人民政府有关部门、居民委员会应当对设立业主大会和选举业主委员会给予指导和协助。

2.《中华人民共和国民法典》第九百四十条　建设单位依法与物业服务人订立的前期物业服务合同约定的服务期限届满前，业主委员会或者业主与新物业服务人订立的物业服务合同生效的，前期物业服务合同终止。

3.《中华人民共和国民法典》第九百五十条　物业服务合同终止后，在业主或者业主大会选聘的新物业服务人或者决定自行管理的业主接管之前，原物业服务人应当继续处理物业服务事项，并可以请求业主支付该期间的物业费。

4.《物业管理条例》第八条　物业管理区域内全体业主组成业主大会。

业主大会应当代表和维护物业管理区域内全体业主在物业管理活动中的合法权益。

5.《物业管理条例》第十五条　业主委员会执行业主大会的决定事项，履行下列职责：

（一）召集业主大会会议，报告物业管理的实施情况；

（二）代表业主与业主大会选聘的物业服务企业签订物业服务合同；

（三）及时了解业主、物业使用人的意见和建议，监督和协助物业服务企业履行物业服务合同；

（四）监督管理规约的实施；

（五）业主大会赋予的其他职责。

6.《物业管理条例》第二十一条　在业主、业主大会选聘物业服务企业之前，建设单位选聘物业服务企业的，应当签订书面的前期物业服务合同。

业委会可以管业主吗

◆（第286条）◆

基本案情

某小区业主委员会经选举、公告后成立，并经其所在社区、街道办确认，在本区物业管理办备案。王某系该小区17号楼4、5、6号网点的房屋所有权人，其在该处网点后墙开凿两处门窗，提供给王某亲属经营修车行。该小区业委会就此事联系区房屋安全监察大队，答复是房屋为框架结构，开门不影响房屋安全结构；商业网点开门须经过房屋所在区房屋安全监察大队审批，该网点开门未经审批。后该小区业委会向法院提起诉讼，请求拆除王某私自在小区17号楼4、5、6号网点后墙开凿的两处门窗，将该处墙体恢复原状。

问题描述

本案争议的焦点是，业主在守法义务之外，是否需要服从业委会的管理。

裁判情况

法院审理后认为，该小区业委会有权作为诉讼主体。依照法律、法规以及管理规约，王某的行为构成对小区业主共有部分建筑物的违章改建，为小区业主的安全带来隐患，属于"违章搭建"行为，损害了小区业主的合法权益。

裁判结论：判令王某恢复小区 17 号楼 4、5、6 号网点后墙的原状。

 释法析理

遵守法律、法规以及管理规约是居住于建筑区划内的业主应当履行的最基本的义务。目前，有些建筑区划内的个别业主，不遵守法律、法规以及管理规约的规定，任意弃置垃圾、排放污染物或者噪声，违反规定饲养动物，违章搭建，侵占通道，拒付物业费，损害了部分业主甚至是全体业主的合法权益。对这些侵权行为，由谁予以制止？是否可以追究其侵权的民事责任？对此，《中华人民共和国民法典》第 286 条规定，业主大会或者业主委员会，有权请求行为人停止侵害、排除妨碍、消除危险、恢复原状、赔偿损失。

相关法条

《中华人民共和国民法典》第二百八十六条 业主应当遵守法律、法规以及管理规约，相关行为应当符合节约资源、保护生态环境的要求。对于物业服务企业或者其他管理人执行政府依法实施的应急处置措施和其他管理措施，业主应当依法予以配合。

业主大会或者业主委员会，对任意弃置垃圾、排放污染物或者噪声、违反规定饲养动物、违章搭建、侵占通道、拒付物业费等损害他人合法权益的行为，有权依照法律、法规以及管理规约，请求行为人停止侵害、排除妨碍、消除危险、恢复原状、赔偿损失。

业主或者其他行为人拒不履行相关义务的，有关当事人可以向有关行政主管部门报告或者投诉，有关行政主管部门应当依法处理。

邻居养鸽"扰民"有权制止吗

◆（第288条、第294条）◆

基本案情

尚某某与励某某系同幢楼邻居，励某某在自家阁楼搭建了鸽舍，饲养了70余只信鸽，并在阁楼前阳台开了两个出口，每天早晚各训放鸽子一次，信鸽通过该两个出口进出。由于励某某饲养鸽子数量较多，气味较重，鸽毛经常飘到尚某某门窗上甚至家中，鸽粪撒到尚某某阳台，且鸽子还会发出叫声，对尚某某家庭的生活环境造成一定影响。尚某某向小区居委会和物业公司反映此事未果，遂诉至法院，要求励某某停止侵害，排除妨害，拆除鸽笼。

问题描述

当相邻双方的养鸽权与他人正常的生活居住权利发生冲突时，法律上会如何处理？民法明确规定，不动产的相邻权利人应当按照有利生产、方便生活、团结互助、公平合理的原则，正确处理相邻关系。本案的焦点在于邻居养鸽"扰民"的行为是否违反这一规定。

裁判情况

法院审理后认为，励某某养鸽确实对邻居尚某某的生活产生了影响。按照法律规定，尚某某作为相邻方，在合理范围内有容忍义务，但励某某也有义务把影响减小到尚某某可以容忍的范畴。

裁判结论：结合本案实际情况，判决励某某将在自家阁楼内饲养的鸽子数量控制在15只之内，每日训放鸽子的次数不得超过两次，每日清扫鸽舍一次以上，以减少鸽子产生的鸽毛、鸽粪、气味、噪声等对尚某某日常生活的影响。

 释法析理

相邻不动产的权利人在使用不动产时，难免会给对方带来一定影响。为使邻人之间和睦共处，民法典明确了相邻关系的处理原则，即应当"有利生产、方便生活、团结互助、公平合理"。按照这一原则，相邻不动产的权利人应当给对方行使权利提供必要的便利，对对方的合理使用行为带来的影响负有容忍义务，对应地，相邻方也应合理行使对不动产的权利，以减少给对方造成的影响，一旦超出合理限度，受妨害方有权要求停止侵害、排除妨碍、赔偿损失。本案中，励某某有权在自家养鸽，作为相邻方的尚某某在正常合理范围内有容忍义务，但励某某也不能滥用权利，不能超过一般人的忍受限度。正因为此，法院对励某某的养鸽行为进行限制。

相关法条

1. 《中华人民共和国民法典》第二百八十八条　不动产的相邻权利人应当按照有利生产、方便生活、团结互助、公平合理的原则，正确处理相邻关系。

2. 《中华人民共和国民法典》第二百九十四条　不动产权利人不得违反国家规定弃置固体废物，排放大气污染物、水污染物、土壤污染物、噪声、光辐射、电磁辐射等有害物质。

楼道通行权受到侵害怎么办

（第 291 条）

📄 基本案情

吴某某夫妇与邹某某同在县城共建楼房，其中一楼、二楼、四楼及地下室系吴某某夫妇承建，三楼系邹某某承建。后袁某某夫妇向邹某某购得该三楼住房一套，并取得了房屋所有权证。袁某某夫妇购房后曾对外出租，吴某某夫妇将租户赶走。袁某某夫妇交纳水电分户费用准备重新布设管线，也遭吴某某夫妇强力阻拦。吴某某夫妇声称，该楼道为其出资承建，且土地使用权亦登记在其名下，故阻止袁某某夫妇通行。袁某某夫妇多次与吴某某夫妇协商未果，遂向法院提起诉讼，要求确认对所购住房的楼道享受通行权。

🔍 问题描述

本案双方系上下楼邻居，楼道问题实际上涉及相邻关系中的通行权问题。民法典明确规定，不动产的权利人对相邻权利人因通行等必须利用其土地的，应当提供必要的便利。本案焦点在于所涉楼道是否系唯一通道，能否另辟通道。

⚖️ 裁判情况

法院审理后认为，袁某某夫妇、吴某某夫妇系上下楼邻居，袁某某夫妇向邹某某购得房屋，并取得房屋所有权证，即对该房屋享有占有、使用、处分等权利。袁某某夫妇所购房屋位于三楼，所涉楼梯系唯一通道，不能另辟通道，且原房主居住于此十余年在此楼道通行，吴某某夫妇均未提出异议，另吴某某夫妇也未提供证据证明所涉楼道是其出资承建。

裁判结论：袁某某夫妇对该楼道享有通行权。

释法析理

相邻关系中的通行权，是指由于地理条件的限制，一方必须利用相邻一方所有或者使用的土地，取得通行等权利。但相邻通行权的行使应限制在合理的范围内，尽可能地减少对相邻方利益的损害，对相邻方不动产造成损失的，应给予适当补偿。《中华人民共和国民法典》第291条规定："不动产权利人对相邻权利人因通行等必须利用其土地的，应当提供必要的便利。"因此，在相邻关系通行权纠纷中，作为房屋买卖的继受人，其享有对不动产的占有、使用、处分、收益的权利，并且继受原房主对唯一楼道的通行权，相邻方不得侵害其通行权，若楼道确为相邻方个人所建，可适当补偿相关费用。

相关法条

《中华人民共和国民法典》第二百九十一条　不动产权利人对相邻权利人因通行等必须利用其土地的，应当提供必要的便利。

新建筑妨碍采光、日照怎么办

（第 293 条）

基本案情

孟某某夫妇入住某小区涉案房屋。之后某房地产开发有限公司在涉案房屋隔壁的土地上建盖新楼盘，后于同年年底，对涉案房屋所在楼的其中两户业主以 165000 元进行了通风权和采光权的协商赔偿。该新楼盘封顶后，给孟某某夫妇的房屋造成日照影响，冬至日日照时间不足一小时。孟某某夫妇与某房地产开发有限公司因采光、日照发生纠纷，诉至法院。

问题描述

本案涉及建筑物相邻关系中的采光和日照权问题。民法明确规定，建造建筑物不得妨碍相邻建筑物的采光和日照。本案争议的焦点是，新建建筑是否对原建筑构成采光、日照不利影响以及不利影响的程度。

裁判情况

经委托鉴定，某房地产开发有限公司建设行为对孟某某夫妇涉案房屋通风无影响，对日照、采光有影响。法院审理后认为，侵权的建筑物虽经过合法审批，但对孟某某夫妇房屋的采光、日照造成了事实上的侵害，某房地产开发有限公司应当承担相应的赔偿责任。

裁判结论：判决某房地产开发有限公司支付孟某某夫妇采光、日照损失人民币 165000 元（参照之前对同楼两户业主的赔偿价款）。

释法析理

新建建筑物对原有建筑物的采光、日照造成事实上的侵害，并超出容忍义务，应认定为构成对采光权、日照权的妨害，承担相应的赔偿责任。判断是否构成采光、日照妨碍，应以是否违反国家有关工程建设标准为依据进行认定。《中华人民共和国民法典》第 293 条规定："建造建筑物，不得违反国家有关工程建设标准，不得妨碍相邻建筑物的通风、采光和日照。"本案中，某房地产开发有限公司建造的新建筑经鉴定已违反国家有关工程建设标准，对孟某某夫妇房屋的采光和日照构成妨碍，故依法应承担相应的赔偿责任。

相关法条

《中华人民共和国民法典》第二百九十三条　建造建筑物，不得违反国家有关工程建设标准，不得妨碍相邻建筑物的通风、采光和日照。

巨型显示屏影响周边居民怎么办
（第294条）

基本案情

王某某住宅与某公司开发建设的购物中心仅隔一条双向六车道的公路，公路之间无其他遮挡物。后某公司在购物中心外墙上安装了大型户外显示屏，每天播放宣传资料及广告等，该户外电子显示屏正对王某某居室方向。晚间户外显示屏频繁闪烁的强烈亮光直入王某某居室，严重影响王某某及家人的正常作息。经相关部门多次调解未果，王某某起诉至法院，认为某公司的行为构成侵权。

问题描述

不动产权利人在生产经营过程中排放光污染物，超出正常忍受限度的，相邻方可以要求停止侵害、排除妨碍。民法典明确规定，不动产权利人不得违反国家规定排放光辐射等有害物质。本案的争议焦点是，巨型显示屏夜间播放是否对不动产相邻方构成不可量物侵害，造成光污染。

裁判情况

法院认为，根据王某某提供的照片、视频资料等证据，以及法院组织双方当事人到现场查看的情况，可以认定某公司使用LED显示屏播放广告、宣传资料等所产生的强光，已构成光污染。某公司依法应承担停止侵害、排除妨碍等民事责任。

裁判结论：某公司不得在夜间 10 点后使用 LED 显示屏实施光污染行为，且 LED 显示屏在每日傍晚 7 点后的亮度值不得高于 $600\mathrm{cd/m^2}$。

释法析理

不可量物侵害是一种新兴的环境问题。造成不可量物侵害的物质一般不具有固定的形态，如噪音、粉尘、辐射、废气等，对其数量、体积、质量等难以计量。一般而言，距离不可量物排放源越近的地方越容易受到不可量物的侵害，随着距离的扩大，不可量物危害性逐渐减弱。因此，在相邻关系中，较易发生不可量物侵害。《中华人民共和国民法典》第 294 条明确规定，不动产权利人不得违反国家规定弃置固体废物，排放大气污染物、水污染物、土壤污染物、噪声、光辐射、电磁辐射等有害物质。不动产权利人违反上述规定造成侵害的，依法应承担停止侵害、排除妨碍等民事责任。本案中，某公司夜间使用 LED 显示屏循环播放广告、宣传资料等产生强光，所形成的光污染干扰了相邻王某某的正常生活、工作和学习，且超出一般公众普遍可容忍度，依法有责任把播放行为限制在一般公众可容忍范围内，以减少对居住在对面的王某某等人的影响。

相关法条

《中华人民共和国民法典》第二百九十四条 不动产权利人不得违反国家规定弃置固体废物，排放大气污染物、水污染物、土壤污染物、噪声、光辐射、电磁辐射等有害物质。

户内成员能共享征地补偿吗

（第 297 条、第 299 条、第 308 条）

基本案情

陆某甲与陆某乙系父子关系，陆某乙出生后户口即随父陆某甲入户龙州镇独山路某队。15 岁时，陆某乙父母协议离婚，约定陆某乙由母亲何某某携带抚养，而独山路某队房产归陆某甲所有，陆某甲每月支付抚养费 300 元。后政府为安置龙州镇某队被征收土地的农户，决定无偿划拨部分国有土地用于补偿被征收土地的农户，每户获得 80 平方米的住宅用地。陆某甲以个人名义申请国有建设用地，并取得某新村 42 号国有土地使用权，国有土地使用权证载明土地使用权人为陆某甲。得知上述情况后，陆某乙向法院提起诉讼，请求确认其为该宗土地使用权的共有人。

问题描述

集体财产（主要是土地）是全体成员赖以维系的物质保障，只有集体成员，才可以享受集体权益。本案的争议焦点是，同户农村集体经济组织成员对于政府无偿划拨给失地农户的住宅用地是否享有共有权。

裁判情况

法院审理后认为，政府无偿划拨住宅用地安置失地农户是以户主为代表登记,原告陆某乙是被告陆某甲的婚生儿子,并且户籍一直登记在被告陆某甲家庭户籍内,原告、被告同为一户家庭成员,是政府安置失地农户的对象。

裁判结论:案涉陆某甲以个人名义取得的某新村42号国有土地使用权应归原告陆某乙与被告陆某甲共同共有。

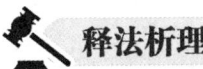 释法析理

本案诉争的某新村42号住宅用地,是政府无偿划拨用于安置失地农户的建设用地,是以户为单位、以户主为代表登记的。陆某乙是陆某甲户内成员,属于安置对象,对该住宅用地享有共有权。同时,根据《中华人民共和国民法典》第297条、第308条规定,不动产或者动产可以由两个以上组织、个人共有。共有包括按份共有和共同共有。共有人对共有的不动产或者动产没有约定为按份共有或者共同共有,或者约定不明确的,除共有人具有家庭关系等外,视为按份共有。本案陆某乙与陆某甲系父子,在未能就份额达成一致意见的情况下,陆某乙依法对该宗住宅用地享有共同共有权。

相关法条

1.《中华人民共和国民法典》第二百九十七条 不动产或者动产可以由两个以上组织、个人共有。共有包括按份共有和共同共有。

2.《中华人民共和国民法典》第二百九十九条 共同共有人对共有的不动产或者动产共同享有所有权。

3.《中华人民共和国民法典》第三百零八条 共有人对共有的不动产或者动产没有约定为按份共有或者共同共有,或者约定不明确的,除共有人具有家庭关系等外,视为按份共有。

共有物管理带来的收益怎么分

(第 300 条)

基本案情

刘某甲在某广场有一门面房，经营服装生意，生意很好。后刘某甲病故，生前立有遗嘱。遗嘱写明，刘某甲的 60 万元的存款归其子刘某乙和二婚老伴张某某一人一半，但对其在广场上的门面房没有作出处分。后来门面房所在广场改造，前景越来越好，张某某和刘某乙因此开始发生纠纷。张某某认为这是刘某甲死时遗留下来的，理应由两人共同所有，平时的收益应该一人一半。刘某乙不同意，认为这是父亲留给他的财产，且父亲生前门面房就是由其主要负责经营的，因而不同意分收益。二人为此争执不下，张某某遂诉至法院，要求将该门面房判归其和刘某乙共同所有，收益均分。

问题描述

各共有人都有管理共有财产的权利和义务。对共有物进行管理，包括保存、改良和利用。本案的争议焦点是，对于共有物之管理所带来的收益，应当如何分配。

裁判情况

法院审理认为，该门面房为刘某甲的遗产，因其没有在遗嘱中处分，所以应由张某某和刘某乙共同所有。共有人按照约定管理共有的不动产或者动产；没有约定或者约定不明确的，各共有人都有管理的权利和义务。

裁判结论：诉争门面房归张某某和刘某乙共有，二人有共同管理的权利，门面房经营生意的收益也归二人分得。

释法析理

本案中，门面房系刘某甲个人财产非夫妻共有财产，所以应作为刘某甲之遗产由其继承人继承。刘某甲对于门面房并未在其遗嘱中进行处分，因此该门面房应该按照法定继承的规定由其继承人共同共有。共同共有权人张某某和刘某乙并未对门面房的管理进行明确约定。根据《中华人民共和国民法典》第300条规定，共有人按照约定管理共有的不动产或者动产；没有约定或者约定不明确的，各共有人都有管理的权利和义务。对共有物进行管理，包括保存、改良和利用，对于共有物之管理所带来的收益，当属共有人之共有财产，理应归属于共有人共同所有。

相关法条

1.《中华人民共和国民法典》第三百条　共有人按照约定管理共有的不动产或者动产；没有约定或者约定不明确的，各共有人都有管理的权利和义务。

2.《中华人民共和国民法典》第一千一百二十三条　继承开始后，按照法定继承办理；有遗嘱的，按照遗嘱继承或者遗赠办理；有遗赠扶养协议的，按照协议办理。

夫妻一方擅自卖房怎么办

◆（第 301 条、第 311 条）◆

基本案情

张某某与前夫育有一女王某某。后张某某与郑某某再婚，王某某随张某某与郑某某长期共同生活。再婚后，张某某购买位于上海市松江区的房屋一套，并办理了房屋产权证书。在郑某某不知情的情况下，张某某将上述房屋转让给了王某某，转让价款为 135 万元，并办理产权过户登记手续。后郑某某与张某某自愿离婚，郑某某认为上海市松江区的房屋是张某某在婚姻关系存续期间购买，应为夫妻共有财产，张某某擅自出售房屋的行为无效，故诉至法院要求王某某返还。

问题描述

夫妻存续期间，一方购买的房屋属于夫妻共有财产。民法明确规定，处分共有的不动产，应当经全体共同共有人同意，但是共有人之间另有约定的除外。本案的争议焦点是，夫妻一方擅自出卖共有房屋给子女的效力如何认定。

裁判情况

法院审理后认为，涉案房屋购买于婚姻关系存续期间，张某某与郑某某无婚后的财产约定，故该房屋依法应属二人夫妻共有财产，郑某某为该房屋的共同共有人。张某某未经共有人郑某某同意，擅自处分诉争房屋的产权，其行为属于无权处分，且王某某系张某某的子女，共同一起生活，其购买行为不构成善意取得。

裁判结论：张某某单独处分房屋的行为属于无权处分，涉案房屋应变更登记，返回至张某某名下。

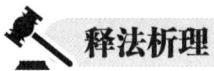 释法析理

无处分权人将不动产或者动产转让给受让人的，所有权人有权追回，但受让人系善意取得的除外。《中华人民共和国民法典》第 301 条规定，处分共有的不动产或者动产以及对共有的不动产或者动产作重大修缮、变更性质或者用途的，应当经占份额三分之二以上的按份共有人或者全体共同共有人同意，但是共有人之间另有约定的除外。涉案房屋属于张某某与郑某某夫妻共有财产。张某某未经共有人郑某某同意，擅自转让房屋给王某某，其行为属于无权处分。而王某某系张某某的女儿，长期与郑某某、张某某共同生活，应当知晓诉争房屋属于郑某某与张某某的夫妻共有财产。王某某在未经郑某某同意的情况下，与母亲张某某签订买卖合同受让房屋产权，且没有证据证明其支付了合理对价，故不构成善意取得。物权具有追及性，张某某无权处分共有房屋，而受让人王某某并非善意取得，郑某某作为共同共有人，有权要求返还原物、将系争房屋恢复至原有登记状态。

相关法条

1. 《中华人民共和国民法典》第三百零一条　处分共有的不动产或者动产以及对共有的不动产或者动产作重大修缮、变更性质或者用途的，应当经占份额三分之二以上的按份共有人或者全体共同共有人同意，但

是共有人之间另有约定的除外。

2.《中华人民共和国民法典》第三百一十一条　无处分权人将不动产或者动产转让给受让人的，所有权人有权追回；除法律另有规定外，符合下列情形的，受让人取得该不动产或者动产的所有权：

（一）受让人受让该不动产或者动产时是善意；

（二）以合理的价格转让；

（三）转让的不动产或者动产依照法律规定应当登记的已经登记，不需要登记的已经交付给受让人。

受让人依据前款规定取得不动产或者动产的所有权的，原所有权人有权向无处分权人请求损害赔偿。

当事人善意取得其他物权的，参照适用前两款规定。

承租人和共有人都来买房怎么办
◆（第 305 条）◆

基本案情

张某某租用了刘某某一个店面，因地理位置靠近地铁，所以小店生意一直十分兴旺。张某某看中了这里的人气，便与刘某某续签了为期5年的租赁合同。后张某某听说刘某某欲将这家店面卖掉，便多次去找刘某某，提出欲购买这家店面。刘某某告诉张某某，这间店面是他与孙某某按份共有的，现在孙某某想买下他的份额。张某某随即表示，自己愿意出与孙某某一样的价格。几天后，在双方出价一样的情况下，刘某某将这家店面的所有权份额卖给了孙某某。张某某认为刘某某侵犯其作为承租人的优先购买权，诉至法院，要求确认刘某某与孙某某的房屋买卖合同无效。

问题描述

共有人出售房屋时，其他共有人在同等条件下享有优先购买的权利。出租人出售房屋时，承租人在同等条件下享有优先购买的权利。本案的争议焦点是，同等条件下，承租人的优先购买权能否对抗共有人的优先购买权。

裁判情况

法院审理后认为，按份共有人的优先购买权是基于按份共有关系即物权关系而产生的；承租人的优先购买权是基于租赁合同关系即债权关系而产生的。所以，在同等条件下，按份共有人的优先购买权优先于承租人的优先购买权。

裁判结论：驳回张某某的诉讼请求。

释法析理

本案中，刘某某和孙某某是商铺的按份共有人，按份共有人对共有的不动产按照其份额享有所有权。《中华人民共和国民法典》第305条规定，按份共有人可以转让其享有的共有的不动产或者动产份额。其他共有人在同等条件下享有优先购买的权利。孙某某基于按份共有人身份获得优先购买权。《中华人民共和国民法典》第726条同时规定，出租人出卖租赁房屋的，应当在出卖之前的合理期限内通知承租人，承租人享有以同等条件优先购买的权利；但是，房屋按份共有人行使优先购买权或者出租人将房屋出卖给近亲属的除外。张某某虽然基于租赁合同也获得优先购买权，但其优先购买权系基于债权产生，根据物权优先于债权的原则，在同等条件下，承租人的优先购买权不能对抗共有人的优先购买权。

相关法条

1.《中华人民共和国民法典》第三百零五条　按份共有人可以转让其享有的共有的不动产或者动产份额。其他共有人在同等条件下享有优先购买的权利。

2.《中华人民共和国民法典》第七百二十六条　出租人出卖租赁房

屋的，应当在出卖之前的合理期限内通知承租人，承租人享有以同等条件优先购买的权利；但是，房屋按份共有人行使优先购买权或者出租人将房屋出卖给近亲属的除外。

出租人履行通知义务后，承租人在十五日内未明确表示购买的，视为承租人放弃优先购买权。

租出去的车被偷卖了，还能要回来吗
（第 311 条）

基本案情

刘某将以 33000 元购入的金杯面包车一辆出租给陈某使用，后刘某无法联系到陈某。某日，刘某发现卢某在使用该面包车。经询问了解到，卢某是从陈某处以 20000 元的价格购得该金杯面包车，陈某承诺办好车辆过户手续，卢某对车辆投保，交纳保险费，并在陈某的陪同下进行年检，但未办理车辆过户手续。刘某交涉返还车辆未果，遂向公安机关报案。公安机关扣押涉案金杯面包车，经核查，公安机关认为不属于盗、抢机动车案件，故未予受理。涉案面包车由卢某开走。刘某诉至法院，要求卢某返还车辆并赔偿相应损失。

问题描述

租出去的汽车被人偷偷卖了是一个无权处分的问题，能不能从买家手里要回来，则要分析买受人进行交易时的系列行为，判断是否属于善意取得。若为善意取得，则原所有权人无权要回，只能向无权处分人请求损害赔偿；反之，则有权追回。本案的争议焦点是受让人是不是善意取得。

裁判情况

本案经过一审、二审。二审法院认为，卢某没有按照法律规定的方式进行二手车交易，且在明知让与人无权处分的情况下进行交易，事后亦无法办理涉案车辆过户手续，也没有充分证据证实其在受让车辆时付出合理的价格。综上，卢某取得涉案金杯面包车的行为不属于善意取得。故判决，卢某并未善意取得涉案车辆，刘某基于物权请求权要求卢某返还涉案车辆，理应支持。

裁判结论：卢某应在判决生效后10日内返还刘某涉案金杯面包车。

释法析理

无权处分人将他人所有的财产转让给受让人，所有权人原则上有权追回。但为了保护交易安全，民法上设置了善意取得制度，即在前述情形下，受让人受让该财产构成善意取得的，则受让人可以依法取得该财产的所有权，原所有权人无权向受让人追回该财产。善意取得应当符合以下三个条件：（1）受让人受让该不动产或者动产时是善意的；（2）以合理的价格转让；（3）转让的不动产或者动产依照法律规定应当登记的已经登记，不需要登记的已经交付给受让人。

机动车虽然属于动产，但存在一些严格的管理措施使机动车不同于其他无须登记的动产。例如，车主需要办理机动车登记证、车辆行驶证等手续。这也有利于受让人在受让车辆时审查车辆转让的合法正当性。本案中，卢某未在二手机动车交易市场内交易取得他人合法所有的机动车，也不能证明自己为善意并付出相应合理价格的，交易后车辆无法办理过户手续，其行为不属于善意取得，因而不能取得案涉车辆的所有权。

相关法条

《中华人民共和国民法典》第三百一十一条 无处分权人将不动产或者动产转让给受让人的,所有权人有权追回;除法律另有规定外,符合下列情形的,受让人取得该不动产或者动产的所有权:

(一)受让人受让该不动产或者动产时是善意;

(二)以合理的价格转让;

(三)转让的不动产或者动产依照法律规定应当登记的已经登记,不需要登记的已经交付给受让人。

受让人依据前款规定取得不动产或者动产的所有权的,原所有权人有权向无处分权人请求损害赔偿。

当事人善意取得其他物权的,参照适用前两款规定。

捡到的戒指想扔就能扔吗

◆（第314条、第316条）◆

基本案情

王某在停车场不小心遗失了价值4.66万元的钻戒。王某向派出所报警，派出所民警调取了停车场及周边录像。录像显示，张某捡到了王某丢失的戒指。派出所民警询问了张某的女朋友蒋某，蒋某承认张某捡到了戒指，但后来将戒指扔了。后王某起诉至法院，请求判决张某返还钻戒。庭审中，张某辩称："当时我确实捡到了一个戒指。我捡到后就随手给我女朋友了，我女朋友把戒指放她包里了，然后我们就去银行办业务了。办完业务后，我们在银行不远处的易初莲花停下看了戒指，我当时以为是假的，也没有想是别人丢失的，就随手把戒指给扔了。如果我当时没有丢，我一定会返还给王某的。"因张某称已将戒指丢弃，王某当庭变更诉讼请求，要求判决张某赔偿钻戒损失4.66万元。

问题描述

本案的争议焦点是，遗失物拾得人是否有对拾得物进行妥善保管的义务。

裁判情况

法院审理后认为，拾得的遗失物应当返还给权利人。遗失物拾得人应当及时通知权利人领取，或者送交公安机关等有关部门，在此之前应当妥善保管他人的遗失物。被告张某在拾到戒指后未将戒指送交有关部门，也未进行妥善保管，以致戒指灭失无法返还，其行为违反了拾得人妥善保管遗失物的法定义务，给原告王某造成了损失，对此被告应当负有赔偿责任。

裁判结论：被告张某于判决生效之日起10日内赔偿原告王某人民币4.66万元。

释法析理

遗失物是非故意抛弃而丢失的物品。《中华人民共和国民法典》第314条规定，拾得遗失物，应当返还权利人，拾得人应当及时通知权利人领取，或者送交公安等有关部门。第316条规定，拾得人在遗失物送交有关部门前，有关部门在遗失物被领取前，应当妥善保管遗失物。因故意或者重大过失致使遗失物毁损、灭失的，应当承担民事责任。本案中，张某在拾得王某遗失的戒指后，随意抛弃，依法应承担相应的民事责任。

相关法条

1. 《中华人民共和国民法典》第三百一十四条　拾得遗失物，应当返还权利人。拾得人应当及时通知权利人领取，或者送交公安等有关部门。

2. 《中华人民共和国民法典》第三百一十六条　拾得人在遗失物送交有关部门前，有关部门在遗失物被领取前，应当妥善保管遗失物。因故意或者重大过失致使遗失物毁损、灭失的，应当承担民事责任。

买了主房,储藏间也归我吗

◆（第 320 条）◆

基本案情

许某从陈某处购得湖滨中路 3 号 202 室房产一套。双方签订房地产买卖合同约定：陈某将位于湖滨中路 3 号 202 室房产出售给许某；房屋建筑面积为 125.44 平方米；陈某在收到全部购房款当日将房产交付给许某使用等。合同签订后，许某支付了全部购房款，陈某将房产交付许某使用，许某亦取得土地房屋权证，载明湖滨中路 3 号 202 室房屋建筑面积 125.44 平方米，建筑面积含共用分摊 6.54 平方米、阳台 7.48 平方米。湖滨中路 3 号一层均为储藏间，202 室房产对应的储藏间位于一层南面自西向东方向第三间，但未进行权属登记。双方在交易过程中均知道储藏间的存在，原由陈某以每月 250 元的租金出租给他人。许某多次要求陈某交付储藏间未果，遂诉至法院，要求陈某归还 202 室配套的储藏间，并按每月租金 300 元赔偿经济损失。

问题描述

主房屋转让，作为从物的储藏间未进行不动产登记，是否随之转让，是本案争议焦点。

裁判情况

法院审理后认为，诉争储藏间作为湖滨中路 3 号 202 室的配套用房，系该房屋的从物，在双方当事人未作特别约定的情况下，从物所有权应随 202 室移转。原告许某通过交易取得 202 室房产所有权的同时，亦取得诉争储藏间的所有权。被告陈某占有、使用该储藏间缺乏合同或者法律依据，属无权占有。

裁判结论：陈某归还诉争储藏间，并酌情确定陈某按每月 300 元支付自起诉之日起的使用费用。

释法析理

根据《中华人民共和国民法典》第 320 条规定，主物转让的，从物随主物转让，但是当事人另有约定的除外。本案中，根据原告、被告陈述，双方在交易过程中曾就储藏间是否一并交易进行了协商，双方在交易过程中已经知道诉争储藏间的存在。在当事人未进行特别约定的情况下，主房屋转让，作为从物的储藏间虽未进行不动产登记，但根据交易习惯，储藏间一般随同主房屋转移至新所有权人。如双方特别约定储藏间不随同转让，从常理来看，应在合同中进行特别的声明或者约定，明确储藏间仍归原所有权人所有。

相关法条

《中华人民共和国民法典》第三百二十条　主物转让的，从物随主物转让，但是当事人另有约定的除外。

婚前财产的收益是夫妻共同财产吗

◆(第 321 条)◆

基本案情

陶某婚前承租鼓楼区某路 206 室公房一套。周某在与陶某结婚后,将其户口也迁入该房屋内,与陶某共同居住使用该房屋。后因危旧房改造,该公房被拆除,陶某取得补偿款约 125000 元。陶某用该补偿款向某公司购买栖霞区某小区 605 室住房一套,房屋登记所有权人及土地使用权人均为陶某。此后,双方因生活琐事争执不断,周某起诉要求离婚,并要求对双方婚内共有的栖霞区某小区 605 室房屋予以均分。

问题描述

本案的争议焦点是,诉争的房屋系夫妻一方婚前财产产生的天然孳息转化而来,是否属于夫妻共同财产。

裁判情况

本案经过一审、二审。二审法院认为,被拆迁的房屋系陶某在与周某结婚前承租的公房,该房屋拆迁时由陶某作为被拆房屋的承租人与拆迁人签订拆迁协议分到货币补偿金。陶某用该货币补偿金额购买了诉争的栖霞区某小区 605 室房产,购买的价款未超出其所取得的拆迁补偿款。夫妻一方个人财产在婚后产生的收益,除孳息和自然增值外,应认定为夫妻共同财产。陶某因婚前承租的公有住房被拆除取得的补偿款为原公有住房用益物权的天然孳息,应当归陶某个人所有。

裁判结论:在判决双方离婚的同时,对周某要求分得该房屋价值的一半诉讼请求未予支持。

释法析理

用益物权人对他人所有的不动产或者动产,依法享有占有、使用和收益的权利。陶某在与周某结婚前承租公房居住,该用益物权为陶某婚前取得的财产权利,依法属于陶某的个人财产。根据《中华人民共和国民法典》第321条规定,天然孳息,由所有权人取得;既有所有权人又有用益物权人的,由用益物权人取得。法定孳息,当事人有约定的,按照约定取得;没有约定或者约定不明确的,按照交易习惯取得。陶某因公房被拆除取得的补偿款,为原公房用益物权的天然孳息,应当归陶某所有。原房屋拆除后,陶某为生活需要用补偿款购买的本案诉争房屋,仍应当认定为陶某的个人财产。

相关法条

1.《中华人民共和国民法典》第三百二十一条 天然孳息,由所有权人取得;既有所有权人又有用益物权人的,由用益物权人取得。当事人另有约定的,按照其约定。

法定孳息,当事人有约定的,按照约定取得;没有约定或者约定不明确的,按照交易习惯取得。

2.《中华人民共和国民法典》第一千零六十三条 下列财产为夫妻一方的个人财产:

(一)一方的婚前财产;

（二）一方因受到人身损害获得的赔偿或者补偿；

（三）遗嘱或者赠与合同中确定只归一方的财产；

（四）一方专用的生活用品；

（五）其他应当归一方的财产。

未经同意开发的海域一定要恢复原状吗

（第 326 条）

基本案情

广西某区 A 能源有限公司（以下简称 A 能源公司）向该区管委会取得 7.072 公顷海域的 50 年使用权，并一次性缴纳海域使用金 318.24 万元，取得《海域使用权证》。后该区筹划的煤炭码头工程项目拟用地面积 54.23 公顷，工程投资 13.99 亿元，A 能源公司 7.072 公顷海域被包含在规划项目之中。广西某区 B 国投有限公司（以下简称 B 国投公司）在未与 A 能源公司谈妥具体的海域盘整方案情况下即进行开发建设。A 能源公司认为 B 国投公司侵犯了其海域使用权，要求必须恢复原状，不接受经济赔偿。

问题描述

被侵权人在维权过程中有权选择排除妨碍、恢复原状、赔偿损失中的任何方式，但是要受到合理开发、生态保护等要求的限制。本案的焦点问题是，案涉海域是否要恢复原状。

裁判情况

本案经过一审、二审。二审法院维持一审法院裁判，认为 A 能源公司有关恢复原状并返还海域的请求虽为物权保护的方式之一，但并不是唯一或不可替代的方式，在B国投公司已经对案涉海域进行大量投资建设的情况下，机械执行只会造成社会物质的极大浪费及案涉海域的不可恢复性破坏，因此不予支持。

释法析理

第一，关于B国投公司建设涉案煤炭码头是否侵害A能源公司依法取得的海域使用权的问题。

A能源公司缴纳海域使用金后对案涉海域取得《海域使用权证》，A能源公司可以依自己的意愿和行为对该片海域合法进行管理和使用。B国投公司虽然经政府审批取得案涉海域的建设许可，但A能源公司对案涉海域享有绝对的、排他的使用权，有权排除他人妨害其海域使用权的行为，除非对其享有的海域使用权因公共利益或国家安全的需要，原批准用海的人民政府依法收回海域使用权。B国投公司未经A能源公司的许可，在其已依法取得海域使用权的案涉海域上建设煤炭码头的行为，侵害了A能源公司享有的海域使用权，应当承担侵权民事责任。

第二，关于A能源公司请求B国投公司承担停止侵害、恢复原状、返还案涉海域等民事责任是否具有事实和法律依据的问题。

A能源公司享有的海域使用权具有排他性，适用法律规定的物权保护规则，在权利受到侵害时，有权要求停止侵害、排除妨害、消除危险等。但本案中，A能源公司要求B国投公司停止侵害、恢复原状失去了可能性，或者说A能源公司要求B国投公司停止侵害、恢复原状将造成社会财产巨大损失和浪费。B国投公司建设的煤炭码头项目是成片式建设，无法分割，基础建设已接近完工，且项目具有社会公共利益。B国投公司承担侵权责任的方式不宜为停止侵害、恢复原状、返还案涉海域，因由此将给社会造成额外的巨大损失，对 A 能源公司诉求不予支持。对于 A 能源公司为此遭受的经济损失，可另案起诉。

相关法条

《中华人民共和国民法典》第三百二十六条　用益物权人行使权利，应当遵守法律有关保护和合理开发利用资源、保护生态环境的规定。所有权人不得干涉用益物权人行使权力。

开荒土地被征用后的土地补偿款归谁

◆（第 327 条）◆

📋 基本案情

马某某夫妇系青海省某县羊曲村村民，承包了羊曲村 256.54 亩撂荒土地，并向县人民政府领取了《林权证》。马某某夫妇还在上述土地周围通过开荒种植等方式开拓土地 194.44 亩。后因修建黄河水电工程羊曲水电站，国家征用了上述 450.98 亩土地，征收补偿款共计 973 万余元。羊曲村委会确定被征用土地补偿款的分配方案为，对村民承包经营的土地以实际丈量亩数为准，每亩上交村委会 1000 元，其余土地及附着物补偿款归承包经营权人所有。羊曲村村委会请求法院判决，马某某夫妇在 194.44 亩土地上的种植行为系侵权行为，而非事实上的承包经营行为；马某某夫妇承包的 256.54 亩土地不应该得到如此多的补偿。

🔍 问题描述

本案的争议焦点是，事实承包关系是否受法律保护；承包经营的土地被征收时，是否有独立的补偿请求权。

⚖ 裁判情况

本案经过一审、二审及再审。再审法院认为，对于 256.54 亩以外的诉争 194.44 亩土地，系马某某夫妇陆续进行开拓种植形成，马某某夫妇对于该土地形成事实上的承包关系，系实际承包经营权人；土地承包经营人在承包土地被征收时应当获得相应的保护。

裁判结论：马某某夫妇按规定上交村委会款项后，获得补偿款900余万元。

释法析理

依据查明的事实，因修建黄河水电工程羊曲水电站，国家征用了马某某夫妇名下共计450.98亩土地，其中办理《林权证》的林地256.54亩，余下即为诉争的194.44亩。对于256.54亩以外的诉争194.44亩土地，系马某某夫妇陆续进行开拓种植形成。羊曲村村委会对马某某夫妇实际进行种植的事实不持异议，仅抗辩称马某某夫妇的耕种行为对上述土地构成侵权。因在马某某夫妇辛勤耕种的十几年间，村委会及村民都并未对此提出异议，应视为对马某某夫妇耕种行为的认可。并且，马某某夫妇开荒植林的行为符合国家政策，有利于生态环境建设，应当予以肯定。

羊曲村村委会确定的分配方案为，对村民承包经营的土地以实际丈量亩数为准，每亩上交村委会1000元，其余土地及附着物补偿款归承包经营权人所有。根据最高人民法院《关于审理涉及农村土地承包纠纷案件适用法律问题的解释》第22条的规定，农村集体经济组织或者村民委员会、村民小组，可以依照法律规定的民主议定程序，决定在本集体经济组织内部分配已经收到的土地补偿费。征地补偿安置方案确定时已经具有本集体经济组织成员资格的人，请求支付相应份额的，应予支持。马某某夫妇系诉争450.98亩土地的承包经营权人，其请求按照分配方案分得相应补偿款的诉求，符合上述司法解释规定，马某某夫妇有权获得900余万元补偿款。

相关法条

1.《中华人民共和国民法典》第三百二十七条 因不动产或者动产被征收、征用致使用益物权消灭或者影响用益物权行使的,用益物权人有权依据本法第二百四十三条、第二百四十五条的规定获得相应补偿。

2. 最高人民法院《关于审理涉及农村土地承包纠纷案件适用法律问题的解释》第二十二条 农村集体经济组织或者村民委员会、村民小组,可以依照法律规定的民主议定程序,决定在本集体经济组织内部分配已经收到的土地补偿费。征地补偿安置方案确定时已经具有本集体经济组织成员资格的人,请求支付相应份额的,应予支持。但已报全国人大常委会、国务院备案的地方性法规、自治条例和单行条例、地方政府规章对土地补偿费在农村集体经济组织内部的分配办法另有规定的除外。

海域内的养殖物归谁

(第 328 条)

📄 基本案情

王某某与于某某签订合同出租位于辽宁省大连市某海域的海参圈使用权（以下简称合同一）。随后，于某某未经王某某同意，与李某某签订合同（以下简称合同二）将上述海参圈使用权进行转租。之后，王某某与李某某签订合同（以下简称合同三）同意李某某继续使用该海参圈。该海域后被征收并进行补偿。王某某向法院起诉，认为李某某不具有该海域使用权，海域内的养殖物系其本人所有。

🔍 问题描述

本案争议的焦点是，未经出租人同意的转租是否当然无效，物权有瑕疵的出租合同效力如何，基于该上述合同的海域使用权是否得到法律保护。

⚖ 裁判情况

本案经一审、二审、再审。再审法院认为，于某某未经王某某同意转租案涉海参圈的行为并不当然导致合同无效，在王某某未举证证明其对合同进行了解除的情况下转租合同有效。

裁判结论：根据合同效力与物权效力相区分的原则，合同三有效。

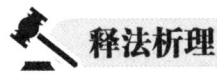

释法析理

于某某未经王某某同意转租案涉海参圈的法律后果为王某某享有转租合同的法定解除权,并不当然导致合同无效。王某某主张其已解除合同一,但并未举证证明已履行了通知义务,且于某某不予认可,故合同一有效。在合同一未解除的情形下,合同二应为合法有效且可以继续履行。因此,王某某关于合同一、合同二无效的主张不能成立,即李某某的租赁有效。

针对王某某称当于某某与李某某签订合同二不久后地方政府就已经决定征收案涉海域并发布通知,自己是在丧失海域使用权的情况下与李某某签订合同三,应当无效。首先,根据合同效力与物权效力相区分的原则,政府征收案涉海域使用权引起的物权变动并不必然导致合同三无效。其次,二审查明,该海域进行征收评估后,海域所在地街道办事处与王某某签订了《海域征用补偿协议书》,就征收补偿相关事宜达成一致。故王某某称当于某某与李某某签订合同时就已丧失案涉海域使用权,与事实不符。王某某据此主张合同三无效,法院不予支持。

在合同一、合同二、合同三均为有效且实际履行的情况下,李某某对案涉海域相应水体养殖物享有所有权,可以依法获得相应的补偿。

相关法条

1. 《中华人民共和国民法典》第三百二十八条　依法取得的海域使用权受法律保护。

2. 《中华人民共和国民法典》第七百一十六条　承租人经出租人同意,可以将租赁物转租给第三人。承租人转租的,承租人与出租人之间的租赁合同继续有效;第三人造成租赁物损失的,承租人应当赔偿损失。

承租人未经出租人同意转租的,出租人可以解除合同。

自然水源可以独占吗
（第 247 条、第 324 条、第 325 条、第 329 条）

基本案情

棕树湾组与岭脚组系湖南省某县某村相邻的两个生产小组。在棕树湾组有山林权属的杉树山有一处水源叫坛子岩，该处的水源自然流入岭脚组门口的水田。棕树湾组为解决饮用水源不稳定的问题，在杉树山坛子岩水源处安装了取水水管，将该处水源的部分水分流到棕树湾组作为饮用水源。岭脚组得知后，以棕树湾组从坛子岩引水影响其农田灌溉，侵害其权益为由，将棕树湾组安装的水龙头钢管拔掉致无法通水。后双方另外架设的其他饮用水设施亦遭到对方破坏，由此发生水事纠纷。棕树湾组请求法院判决岭脚组停止侵权；岭脚组提出反诉，请求法院确认坛子岩水源归岭脚组管理、使用。

问题描述

本案的争议焦点是，各经济组织对于流经的自然水源是否自然拥有取水权。

裁判情况

本案先后经过一审、二审审理。一审法院判决，棕树湾组与岭脚组共同管理、使用坛子岩水源。二审法院判决，对棕树湾组和岭脚组的取水权均不予认可,撤销一审判决。

释法析理

本案中坛子岩地下水源的水属国家所有,任何单位和个人使用该水源,均应当取得取水权,而该取水权的取得需经一定的行政许可程序。棕树湾组和岭脚组在未经一定的行政许可程序取得取水权的情况下,分别主张自己独自享有对坛子岩地下水源的取水权,均不应得到支持。基于双方均未依法取得坛子岩地下水源的取水权,一审判决要求岭脚组停止侵害棕树湾组在坛子岩地下水源处取水的行为和判令棕树湾组与岭脚组共同管理、使用坛子岩地下水源,属于适用法律错误。

相关法条

1.《中华人民共和国民法典》第二百四十七条 矿藏、水流、海域属于国家所有。

2.《中华人民共和国民法典》第三百二十四条 国家所有或者国家所有由集体使用以及法律规定属于集体所有的自然资源,组织、个人、依法可以占有、使用和收益。

3.《中华人民共和国民法典》第三百二十五条 国家实行自然资源有偿使用制度,但是法律另有规定的除外。

4.《中华人民共和国民法典》第三百二十九条 依法取得的探矿权、采矿权、取水权和使用水域、滩涂从事养殖、捕捞的权利受法律保护。

5.《中华人民共和国水法》第七条 国家对水资源依法实行取水许可制度和有偿使用制度。但是,农村集体经济组织及其成员使用本集体经济组织的水塘、水库中的水的除外。国务院水行政主管部门负责全国取水许可制度和水资源有偿使用制度的组织实施。

家庭承包经营林地，作为承包合同签字人的家庭成员是否可以个人决定转让承包经营权

◆（第 330 条）◆

📋 基本案情

宋某甲与王某某系同村村民。宋某甲早年丧偶，育有两子宋某乙和宋某丙。宋某甲与村经济合作社签订《责任山承包合同》，承包了慈林证字第 B0300×××号《林权证》所载明竹林。之后，在宋某乙和宋某丙不知情的情况下，宋某甲与王某某签订《山林转让协议》一份，约定宋某甲同意此山林一侧转让给王某某永久性使用。《山林转让协议》项下的林地包含于上述《林权证》记载范围之内。协议签订后，王某某支付转让款以及地上物补偿款 2000 元，并实际占有经营《山林转让协议》项下的土地。事后宋某乙、宋某丙得知此转让事项，即诉至法院要求收回转让给王某某的林地。

🔍 问题描述

《责任山承包合同》和《林权证》记载的承包方或者权利人均为宋某甲，现宋某甲与王某某签订《山林转让协议》将涉案山林转让给王某某，作为家庭共同承包人的宋某乙、宋某丙主张其二人不知情，宋某甲和王某某也均未举证宋某乙与宋某丙同意转让涉案山林承包经营权。因此，

本案的焦点问题是，宋某甲与王某某签订的《山林转让协议》是否有法律效力，宋某乙、宋某丙是否可以要求返还被转让林地。

裁判情况

本案先后经过一审、二审、再审、检察机关抗诉、指定一审、二审。最后一次二审法院认为，宋某甲与王某某签订《山林转让协议》时，宋某甲的转让行为未经其他共有权人宋某乙、宋某丙同意，系擅自处分共有财产，构成无权处分。

裁判结论：一审法院判决宋某甲与王某某签订的《山林转让协议》无效，王某某将其占有山林返还宋某甲、宋某乙、宋某丙，宋某甲返还王某某土地转让款及竹林补偿款。二审维持该一审判决。

释法析理

虽然《责任山承包合同》和《林权证》记载的承包方或者权利人均为宋某甲，但农村林地的承包方式一般是农村集体经济组织内部的家庭承包，家庭承包的承包方是本集体经济组织的农户。宋某乙、宋某丙与宋某甲共同享有涉案林地承包经营权，王某某作为同村村民，对此也是知情的，因此，宋某甲的转让行为未经共有权人同意，系擅自处分共有财产，构成无权处分，《山林转让协议》无效。

相关法条

1.《中华人民共和国民法典》第三百三十条　农村集体经济组织实行家庭承包经营为基础、统分结合的双层经营体制。

农民集体所有和国家所有由农民集体使用的耕地、林地、草地以及其他用于农业的土地，依法实行土地承包经营制度。

2. 《中华人民共和国农村土地承包法》第三条 国家实行农村土地承包经营制度。

农村土地承包采取农村集体经济组织内部的家庭承包方式，不宜采取家庭承包方式的荒山、荒沟、荒丘、荒滩等农村土地，可以采取招标、拍卖、公开协商等方式承包。

3. 《中华人民共和国农村土地承包法》第十六条 家庭承包的承包方是本集体经济组织的农户。

农户内家庭成员依法平等享有承包土地的各项权益。

土地承包经营权互换是否必须登记备案才有效

◆（第334条、第335条）◆

基本案情

郑某某与胡某某系同村村民。该村A处2.1亩林地原系郑某某户承包经营，而B处2.8亩林地原系胡某某户承包经营。为经营管理方便，胡某某向郑某某提议双方互换两块林地的承包经营权，郑某某同意。但双方未签订书面协议，未互换林权证（因林权证上还登记有其他承包的林地），也未报发包方登记备案。此后，胡某某对A处2.1亩林地进行经营管理，至法院受理该纠纷案时林地上仍种植有各种苗木及果树，而B处2.8亩林地至法院受理该纠纷案时仍保持自然生态。发包方更换新的林权证，仍按原来的林权证予以登记。郑某某向胡某某提出返还A处2.1亩林地的要求，遭拒后，郑某某诉至法院。

问题描述

本案的争议焦点是，林地承包经营权人互换林地承包经营权，未签订书面协议，也未报发包方登记备案，此互换行为是否有法律效力。

裁判情况

本案经过一审、二审。二审法院认为：郑某某提出涉案A处2.1亩林地承包经营权登记在其名下，故要求胡某某返还。胡某某则抗辩双方已在三十多年前达成林地互换协议，并实际履行，不同意返还。从历史及现状来看，该林地数十年来均由胡某某占有、种植、管理和收益。从农村习俗来说，不乏村民间口头互换土地承包经营权的情况，且不在少数。另外，郑某某对涉案2.1亩林地被胡某某占有、管理数十年的事实原因未能充分举证证明。因此，对双方当事人互换林地承包经营权事实予以确认。

裁判结论：互换后，双方未报发包方备案，也未变更承包经营权登记，但并不影响互换协议的效力，且涉案2.1亩林地已交付给胡某某管理使用至今，协议得以实际履行。郑某某提出当初仅是无偿给胡某某种植管理，并未互换的意见，依据不足，也不符合常理，对其要求胡某某返还林地的主张，不予支持。

释法析理

土地承包经营权的互换，是指承包方（土地承包经营权人）之间为方便耕种或者各自需要，互相交换属于同一集体经济组织的土地承包经营权的行为。土地承包经营权互换，法律采取的是登记对抗主义，即未经变更登记仅发生不能对抗善意第三人的法律效力，并不影响双方当事人之间互换合同的效力。此时的登记是任意性而非强制性的。因为是熟人社会，且是本村集体组织成员之间互换，所以不强行要求登记。仅凭未经变更登记而主张互换无效，无法律依据。

相关法条

1.《中华人民共和国民法典》第三百三十四条　土地承包经营权人依照法律规定，有权将土地承包经营权互换、转让。未经依法批准，不得将承包地用于非农建设。

2.《中华人民共和国民法典》第三百三十五条　土地承包经营权互换、转让的,当事人可以向登记机构申请登记;未经登记,不得对抗善意第三人。

土地承包经营权转让方对转让协议有异议能否对抗善意第三人

（第 333 条、第 334 条、第 335 条）

基本案情

童某丙自幼智力残疾，其父亲童某甲、母亲范某某先后去世。童某乙系其姐姐。案涉地块的土地承包经营权证上承包方代表是童某甲，其他共有人为范某某、童某丙。后童某丁（系童某丙大伯）家与范某某协商转让案涉地块，童某丁将案涉地块上童某丙家种的橘树砍掉进行耕种。之后，在村干部在场的情况下，童某丁与同村村民童某戊签订《承包田调换协议》，将他的承包地（包含案涉地块）与童某戊承包地调换，童某戊另支付童某丁现金 4 万元。童某乙以童某丙法定监护人身份提出异议，认为童某戊非法侵占童某丙的土地承包经营权，向法院起诉。

问题描述

土地承包经营权转让没有签订书面转让合同，受转让方也没有和发包方明确新的承包关系，受转让方又将该转让地块调换给第三人。现转让方提出土地承包经营权转让（口头）协议不成立，要求第三人退还被转让地块。本案的争议焦点是，转让方对转让协议的异议能否对抗善意第三人。

裁判情况

本案经过一审、二审、再审。再审法院认为：童某丁家将案涉土地上的橘树砍掉进行耕种，童某丙方未提出异议；童某戊在村干部在场的情况下，与童某丁签订《承包田调换协议》并支付现金4万元。本案足以认定童某戊受让案涉土地承包经营权属于善意，土地承包经营权自土地承包经营权合同生效时设立。因此，在童某戊支付4万元转让款且童某丁将土地交付给童某戊的情况下，应认定童某戊已基于善意取得享有了案涉土地的承包经营权。

裁判结论：童某乙以童某丙法定监护人身份无权要求童某戊返还土地、恢复原状。

释法析理

童某丙家与童某丁双方虽没有签订书面转让合同，也没有发包方明确同意转让的授权，但当地村民间相互换地或转让土地现象较为普遍，所在村民自治组织一般持默认态度，且双方本系亲属关系。童某戊在村干部在场的情况与童某丁家签订调换协议，反映出发包人即村集体经济组织、村民委员会以行为表示同意案涉承包地的流转。因此，该口头转让协议有效。因土地承包经营权不是依登记设立，在转让合同生效时受让人就取得经营权。因此本案中，土地承包经营权虽登记在童某丙名下，但童某丁家与童某丙家的土地流转协议成立时已发生转移。童某戊支付4万元给童某丁调换土地，属于善意第三人。童某丙无权要求童某戊退还案涉土地。

相关法条

1.《中华人民共和国民法典》第三百三十三条　土地承包经营权自

土地承包经营权合同生效时设立。

登记机构应当向土地承包经营权人发放土地承包经营权证、林权证等证书，并登记造册，确认土地承包经营权。

2. **《中华人民共和国民法典》第三百三十四条**　土地承包经营权人依照法律规定，有权将土地承包经营权互换、转让。未经依法批准，不得将承包地用于非农建设。

3. **《中华人民共和国民法典》第三百三十五条**　土地承包经营权互换、转让的，当事人可以向登记机构申请登记；未经登记，不得对抗善意第三人。

土地承包期内，村组能否决议对农户承包地进行调整

◆（第336条）◆

基本案情

童某甲与童某乙系同村村民。童某甲家庭户承包1.93亩土地，并取得《土地承包权证》。承包权证登记户主为童某甲丈夫王某甲，成员包括童某甲、儿子王某丙、女儿王某乙。一年后，王某甲去世，户主变更为童某甲。王某甲去世前王某乙户口因婚嫁迁入同村他户。后童某乙根据村组里的决议，开始经营管理童某甲户名下案涉0.489亩土地。该村组决议对承包田在30年内实行大稳定、小调整，对缺田户生死进出，按人头替补，隔5年调整一次。将王某乙的承包地份额调整出来给了童某乙女儿。之后国家实施按照田亩发放种粮补贴款。《种粮农户补贴情况调查表》上记载童某甲户耕地面积为1.93亩，并按照此面积将种粮补贴款发放给童某甲。多年后，童某甲诉至法院，要求童某乙退还侵占的承包农田0.489亩。

问题描述

童某乙根据村组里的决议及镇政府政策，取得原由童某甲承包、登记在童某甲承包证名下的0.489亩土地并进行实际管理。本案的焦点问题是，村组这种对承包地的小调整行为是否合法有效。

裁判情况

本案经过一审、二审。二审认定事实与一审法院基本一致,维持原判。一审法院认为:案涉0.489亩土地,《土地承包权证》证明童某甲享有承包经营权,且至今仍享受种粮补贴。童某甲对案涉土地享有国家认可的合法承包经营权。童某乙在无合法权属来源的情况下,对案涉两块土地经营使用长达15年之久,其行为构成侵权。

裁判结论:童某乙将案涉土地退还童某甲。

释法析理

《中华人民共和国民法典》第336条规定,承包期内发包方不能调整承包地,除非出现因为自然灾害严重毁损承包地的特殊情形,才可以经过村里或者组里的民主程序进行调整。《中华人民共和国农村土地承包法》第28条对该民主程序有具体规定,承包地调整的必须经本集体经济组织成员的村民会议三分之二以上成员或者三分之二以上村民代表的同意,并报乡(镇)人民政府和县级人民政府农业农村、林业和草原等行政主管部门批准。本案中不存在自然灾害严重毁损承包地的情形,也没有经过相应民主程序。童某乙无法定的事实和理由占用了童某甲承包地15年之久,侵犯了童某甲承包经营权,应依法退还。

相关法条

1.《中华人民共和国民法典》第三百三十六条 承包期内发包方不得调整承包地。

因自然灾害严重毁损承包地等特殊情形,需要适当调整承包的耕地和草地的,应当依照农村土地承包的法律规定办理。

2.《中华人民共和国农村土地承包法》第二十八条 承包期内,发包方不得调整承包地。

承包期内，因自然灾害严重毁损承包地等特殊情形对个别农户之间承包的耕地和草地需要适当调整的，必须经本集体经济组织成员的村民会议三分之二以上成员或者三分之二以上村民代表的同意，并报乡（镇）人民政府和县级人民政府农业农村、林业和草原等行政主管部门批准。承包合同中约定不得调整的，按照其约定。

3.《中华人民共和国农村土地承包法》第二十九条　下列土地应当用于调整承包土地或者承包给新增人口：

（一）集体经济组织依法预留的机动地；

（二）通过依法开垦等方式增加的；

（三）发包方依法收回和承包方依法、自愿交回的。

政府划拨用地可以出租吗

（第 246 条、第 254 条、第 347 条、第 350 条）

基本案情

某军区部队拥有一块政府划拨地，已领取了中华人民共和国国有土地使用证，该土地用途为"军事设施"。后该军区部队与单某某签订了土地租赁合同，约定将政府划拨地中的两块土地租给单某某种养，租赁期限20年，单某某每年交土地使用管理费6490元。其间，单某某又将该土地出租给了蔡某某、谢某某（知道该土地为政府划拨地）等人经营。之后，单某某因病死亡，其妻子魏某某继承对该土地的租赁权。后因某军区部队、魏某某及蔡某某、谢某某等人发生纠纷，诉至法院。

问题描述

本案的争议焦点是，某军区部队与单某某签订的租赁合同是否有效。

裁判情况

本案经过一审、二审。一审法院认为，某军区部队未经人民政府土地管理部门的批准出租土地，违反了法律禁止性规定，因此，与单某某签订的合同无效。由于某军区部队与单某某的合同无效，单某某与第三人的转租关系亦无效。第三人明知为政府划拨地，在未经某军区部队同意的情况下，从单某某处承租土地，也存在一定过错，应承担相应的责任。

二审法院认为，该划拨土地已经取得了某县人民政府颁发的国有土地使用证，土地使用权类型为划拨用地（非农业用地），之后的出租和转租产生的合同都是无效的，并且划拨土地用途为"军事设施"，属于国防资产，某军区部队作为建设用地使用权人应当合理使用土地，不得改变土地用途。

裁判结论：根据《中华人民共和国城镇国有土地使用权出让和转让暂行条例》第44条"划拨土地使用权，除本条例第四十五条规定的情况外，不得转让、出租、抵押"和《中华人民共和国物权法》第140条[①]"建设用地使用权人应当合理利用土地，不得改变土地用途；需要改变土地用途的，应当依法经有关行政主管部门批准"的规定，本案中某军区部队拥有的政府划拨地不可以出租，也不可以改变土地用途。

释法析理

设立建设用地使用权，可以采取出让或划拨等方式。划拨土地使用权，是指土地使用者通过除出让土地使用权以外的其他各种方式依法取得的国有土地使用权。法律严格限制以划拨方式设立建设用地使用权，取得划拨土地使用权，必须经有批准权的人民政府核准并按法定的工作程序办理手续。取得划拨土地使用权后不得随意改变土地的用途，不得随意转让、出租、抵押土地使用权，否则违反了法律禁止性规定。对于

---

① 现《中华人民共和国民法典》第350条。——编者注

需要改变土地用途的，应当依法经有关行政主管部门批准，但也要在合理使用范围内，应当符合节约资源、保护生态环境，遵守法律、法规关于土地用途的规定。

因此，政府划拨用地未经许可不得转让、出租、抵押，未经许可不得改变土地用途。

相关法条

1.《中华人民共和国民法典》第二百四十六条　法律规定属于国家所有的财产，属于国家所有即全民所有。

国有财产由国务院代表国家行使所有权。法律另有规定的，依照其规定。

2.《中华人民共和国民法典》第二百五十四条　国防资产属于国家所有。

铁路、公路、电力设施、电信设施和油气管道等基础设施，依照法律规定为国家所有的，属国家所有。

3.《中华人民共和国民法典》第三百四十七条　设立建设用地使用权，可以采取出让或者划拨等方式。

工业、商业、旅游、娱乐和商品住宅等经营性用地以及同一土地有两个以上意向用地者的，应当采取招标、拍卖等公开竞价的方式出让。

严格限制以划拨方式设立建设用地使用权。

4.《中华人民共和国民法典》第三百五十条　建设用地使用权人应当合理使用土地，不得改变土地用途；需要改变土地用途的，应当依法经有关行政主管部门批准。

5.《中华人民共和国城镇国有土地使用权出让和转让暂行条例》第四十四条　划拨土地使用权，除本条例第四十五条规定的情况外，不得转让、出租、抵押。

6.《中华人民共和国城镇国有土地使用权出让和转让暂行条例》第

四十五条 符合下列条件的，经市、县人民政府土地管理部门和房产管理部门批准，其划拨土地使用权和地上建筑物、其他附着物所有权可以转让、出租、抵押：

（一）土地使用者为公司、企业、其他经济组织和个人；

（二）领有国有土地使用证；

（三）具有地上建筑物、其他附着物合法的产权证明；

（四）依照本条例第二章的规定签订土地使用权出让合同，向当地市、县人民政府补交土地使用权出让金或者以转让、出租、抵押所获收益抵交土地使用权出让金。

转让、出租、抵押前款划拨土地使用权的，分别依照本条例第三章、第四章和第五章的规定办理。

购买建设用地使用权口头协议有效吗
（第 348 条）

基本案情

大理某基督教堂以 24.6 万元的价格购买杨某夫妇 253.9 平方米的国有安置用地一块，教堂委托教友赵某与杨某夫妇口头协议转让该地块，随后请人代写了《转让文约》，杨某一方在《转让文约》上签字，基督教堂未在《转让文约》上签字。教堂交付了全部款项，办理土地手续时，杨某一方反悔，称中间人赵某承诺过户时可以协商加价，要求加价 15 万元，教堂不同意。经教堂多次催促，杨某一方仍不交付该块土地并协助办理过户手续，故教堂将杨某一方诉至法院。

问题描述

本案的争议焦点是，出让土地使用权的，当事人应当采用书面形式订立土地使用权出让合同，本案中基督教堂与杨某一方未签订书面合同，只是双方口头协商一致，该口头协议是否有效。

裁判情况

本案经过法院一审、二审审理。二审法院认为，本案双方当事人口头协商一致，基督教堂未在《转让文约》上签字，《转让文约》系杨某夫妇认可口头合同及其主要条款并承诺履行的方式，并非合同本文，但起到证明口头合同存在的作用。

裁判结论：当事人之间的建设用地使用权转让合同已经成立，且不违反法律、行政法规的强制性规定，判决杨某夫妇将涉案建设用地移交给基督教堂，并协助基督教堂办理国有土地使用权证的变更登记手续。

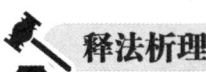

释法析理

《中华人民共和国民法典》第348条规定，通过招标、拍卖、协议等出让方式设立建设用地使用权的，当事人应当采用书面形式订立建设用地使用权出让合同。《中华人民共和国民法典》第490条规定，法律、行政法规规定或者当事人约定合同应当采用书面形式订立，当事人未采用书面形式但是一方已经履行主要义务，对方接受时，该合同成立。本案双方当事人并没有依法签订书面合同，但是有证据证明双方订立了口头合同，对合同主要条款达成一致，并且合同价款已经支付完毕，双方履行了合同的主要义务，所以本案当事人之间的建设用地使用权转让口头合同已经成立。但在日常生活中，进行建设用地使用权转让建议必须签订书面合同，以免双方反悔，没有证据证明双方有口头协议，导致无法正常办理相关转让手续。

相关法条

1.《中华人民共和国民法典》第三百四十八条　通过招标、拍卖、协议等出让方式设立建设用地使用权的，当事人应当采用书面形式订立建设用地使用权出让合同。

建设用地使用权出让合同一般包括下列条款：

（一）当事人的名称和住所；

（二）土地界址、面积等；

（三）建筑物、构筑物及其附属设施占用的空间；

（四）土地用途、规划条件；

（五）建设用地使用权期限；

（六）出让金等费用及其支付方式；

（七）解决争议的方法。

2.《中华人民共和国民法典》第四百九十条　当事人采用合同书形式订立合同的，自当事人均签名、盖章或者按指印时合同成立。在签名、盖章或者按指印之前，当事人一方已经履行主要义务，对方接受时，该合同成立。

法律、行政法规规定或者当事人约定合同应当采用书面形式订立，当事人未采用书面形式但是一方已经履行主要义务，对方接受时，该合同成立。

未办理抵押登记的土地，是否能与建筑物一并处分

◆（第 356 条、第 357 条）◆

基本案情

某银行支行与某科技有限公司先后签订三份《人民币流动资金贷款合同》，共约定某科技有限公司向某银行支行借款 1 亿元。为保证债务的履行，某银行支行与某科技有限公司签订《最高额抵押合同》，约定某科技有限公司作为抵押人将位于某县工业大道、产权证号为某乡国用第×××号的土地使用权，以及位于某县工业大道、产权证号为某房权证第×××号的房产作为抵押物，为借款合同下发生的债务在最高限额为人民币 1 亿元范围内提供抵押担保。双方在签订抵押合同后第四天在某县房产交易所办理了房地产抵押登记手续，某银行支行取得了合同内约定房产的房屋他项权证。截至贷款全部到期后，某科技有限公司仅支付部分利息，对本金及剩余部分利息未予偿还。某银行支行诉至法院，一审法院支持其主张已办理抵押登记手续部分优先受偿权的诉讼请求，对未办理抵押登记手续部分优先受偿权未予支持。某银行支行不服一审判决，提起上诉。

问题描述

本案争议的焦点在于，对于抵押合同内约定的附着有建筑物、构筑物及其附属设施的土地，在建筑物已办理抵押登记手续，而建设用地未

办理抵押登记手续的情况下，抵押权人对约定抵押的土地使用权是否享有抵押权。

裁判情况

本案经过一审、二审。二审法院认为《最高额抵押合同》系双方当事人真实意思表示，其中约定的抵押物明确包括案涉土地使用权在内，双方当事人对该土地使用权作为抵押财产均有明确预期。即使案涉土地使用权未办理抵押登记，根据法律"一并处分"之规定，某银行支行对案涉土地使用权亦享有抵押权。

裁判结论：一审判决以未办理抵押登记为由，判令某银行支行对案涉土地使用权不享有优先受偿权，认定事实和适用法律均有不当，二审法院予以纠正。

释法析理

我国对建设用地使用权与地上不动产存在"一并处分"的规定，即"房随地走，地随房走"双向统一原则，旨在强调"房地一体"。《中华人民共和国民法典》第356条规定："建设用地使用权转让、互换、出资或者赠与的，附着于该土地上的建筑物、构筑物及其附属设施一并处分。"《中华人民共和国民法典》第357条规定："建筑物、构筑物及其附属设施转让、互换、出资或者赠与的，该建筑物、构筑物及其附属设施占用范围内的建设用地使用权一并处分。"同时，根据《中华人民共和国城市房地产管理法》第32条及《城市房地产抵押管理办法》第4条规定，房地产转让、抵押时，房屋的所有权和该房屋占用范围内的土地使用权同时转让、抵押；以依法取得的房屋所有权抵押的，该房屋占用范围内的土地使用权必须同时抵押。即使当事人没有按照法律规定一并抵押，法律也"推定"当事人已经将房地一并设立了抵押。此种推定属于"不可推翻的推定"，当事人不能以协议加以排除，也不能事后否定此种一并抵押的效力。因此，当当事人在办理抵押登记时，只办理了建筑物的抵押登记，而没有办理建设用地使用权的抵押登记，或者只登记了建设用地使用权抵押，而未登记建筑物抵押时，就视为已经"一并"就建设用地使用权和建筑物办理了抵押登记，即抵押权人对未办理抵押登记的部分同样享有抵押权。

相关法条

1. 《中华人民共和国民法典》第三百五十六条　建设用地使用权转让、互换、出资或者赠与的，附着于该土地上的建筑物、构筑物及其附属设施一并处分。

2. 《中华人民共和国民法典》第三百五十七条　建筑物、构筑物及其附属设施转让、互换、出资或者赠与的，该建筑物、构筑物及其附属设施占用范围内的建设用地使用权一并处分。

3. 《中华人民共和国城市房地产管理法》第三十二条　房地产转让、抵押时，房屋的所有权和该房屋占用范围内的土地使用权同时转让、抵押。

4. 《城市房地产抵押管理办法》第四条　以依法取得的房屋所有权抵押的，该房屋占用范围内的土地使用权必须同时抵押。

建设用地使用权提前收回该如何补偿

（第 243 条、第 358 条）

基本案情

某县政府为抵偿工程款，将 6706 平方米的土地以总价款 80.472 万元出让给某公司作为建设用地，并颁发第 6 号国土证。某公司以该宗土地作为抵押物向银行贷款，并办抵押登记。在该公司向银行贷款办理抵押登记之前，县政府已经为建设县政府办公楼需要使用涉案土地作出《关于有偿收回国有土地使用权的通知》，决定按原登记成本价 80.6072 万元有偿收回涉案土地。随后，县政府以某公司申请土地登记发证未填写土地用途为由，作出《关于撤销第 6 号〈国有土地使用证〉的决定》。某公司不服该决定，向法院提起诉讼。

问题描述

建设用地使用权提前收回该如何补偿，是本案的争议焦点。民法典明确规定，建设用地使用权期限届满前，因公共利益需要提前收回土地的，应当对该土地上的房屋以及其他不动产给予补偿，并退还相应的出让金。

裁判情况

本案经过一审、二审和再审。再审法院认为：首先，县政府应以作出收地决定之日的市场补偿价对某公司进行补偿；其次，县政府应支付某公司逾期支付补偿款的利息。在再审过程中，法院委托评估公司对涉案土地在县政府决定收回土地使用权时的市场价格进行评估。评估结果为评估对象在估价基准日的市场价值为人民币135万元。

裁判结论：责令县政府向某公司支付收回土地使用权补偿款135万元及同期银行贷款利息。

释法析理

土地使用权的期限长达几十年，在此期间社会发展日新月异，社会对该幅土地的使用需求可能发生新的变化。为了符合公共利益，必要时国家可以提前收回建设用地。但是即使是为了公共利益，提前收回土地必然会对建设用地使用权人的权利造成损害，应当对其进行补偿。根据《中华人民共和国土地管理法》第58条第2款规定，因公共利益需要使用土地收回国有土地使用权的，对土地使用权人应当给予适当补偿。所谓"适当补偿"应当是公平合理的补偿，即按照被收回土地的性质、用途、区位等，以作出收地决定之日的市场评估价予以补偿。若收地决定作出后涉案土地升值较大，且涉案土地上存有抵押贷款，原土地使用权人因不能以转让土地使用权方式及时偿还银行贷款，存在贷款利息损失，政府在支付补偿款的同时，还应当支付自决定收回土地使用权之日起至实际支付全部补偿款之日的同期银行贷款利息。

相关法条

1.《中华人民共和国民法典》第二百四十三条　为了公共利益的需要，依照法律规定的权限和程序可以征收集体所有的土地和组织、个人的房屋及其他不动产。

征收集体所有的土地,应当依法及时足额支付土地补偿费、安置补助费以及农村村民住宅、其他地上附着物和青苗等的补偿费用,并安排被征地农民的社会保障费用,保障被征地农民的生活,维护被征地农民的合法权益。

征收组织、个人的房屋及其他不动产,应当依法给予征收补偿,维护被征收人的合法权益;征收个人住宅的,还应当保障被征收人的居住条件。

任何组织或者个人不得贪污、挪用、私分、截留、拖欠征收补偿费等费用。

2.《中华人民共和国民法典》第三百五十八条 建设用地使用权期限届满前,因公共利益需要提前收回土地的,应当依据本法第二百四十三条的规定对该土地上的房屋以及其他不动产给予补偿,并退还相应的出让金。

3.《中华人民共和国土地管理法》第五十八条 有下列情形之一的,由有关人民政府自然资源主管部门报经原批准用地的人民政府或者有批准权的人民政府批准,可以收回国有土地使用权:

(一)为实施城市规划进行旧城区改建以及其他公共利益需要,确需使用土地的;

(二)土地出让等有偿使用合同约定的使用期限届满,土地使用者未申请续期或者申请续期未获批准的;

(三)因单位撤销、迁移等原因,停止使用原划拨的国有土地的;

(四)公路、铁路、机场、矿场等经核准报废的。

依照前款第(一)项的规定收回国有土地使用权的,对土地使用权人应当给予适当补偿。

4.《中华人民共和国城市房地产管理法》第二十条 国家对土地使

用者依法取得的土地使用权,在出让合同约定的使用年限届满前不收回;在特殊情况下,根据社会公共利益的需要,可以依照法律程序提前收回,并根据土地使用者使用土地的实际年限和开发土地的实际情况给予相应的补偿。

5.《中华人民共和国城镇国有土地使用权出让和转让暂行条例》第四十二条　国家对土地使用者依法取得的土地使用权不提前收回。在特殊情况下,根据社会公众利益的需要,国家可以依照法律程序提前收回,并根据土地使用者已使用的年限和开发、利用土地的实际情况给予相应的补偿。

换地后亏了就用人家的地，占不占理

◆（第 362 条）◆

基本案情

刘某甲与刘某乙系同村村民，刘某甲用自己享有使用权的土地与刘某乙调换了新田，随即刘某甲在包含新田的土地上修建了房屋。后县里因修建公路需拆除刘某甲家的房屋。当年刘某甲与镇政府签订了房屋拆迁协议书，并按协议拆除了房屋。3 年后，国土资源部门及政府批准刘某甲在公路未占用的旧址上建房。在此批准前，刘某乙就强行在公路未占用的旧址上种庄稼，他说刘某甲当年调换给他的地有部分已经塌方，他觉得自己换亏了，现在不调了，要求刘某甲把他之前的地还给他。后因刘某乙不愿意调解，刘某甲将其诉至法院。

问题描述

该案系因拆迁引发的宅基地使用权纠纷，被告刘某乙认为地换亏了，因此以调换的土地有部分塌方为由，通过占地的方式想拿回原先调换的土地，那么换地以后反悔还有用吗？如果宅基地被别人强占了应该怎么办呢？

裁判情况

本案经法院一审判决。法院认为，合法的土地使用权应受法律保护，任何单位和个人不得侵犯。原告刘某甲在用自己享有使用权的土地与被告刘某乙调换新田后，利用新田修建了房屋。后因修路使得房屋拆除，镇政府已批准原告在原宅基地（公路未占用的旧址）上改建房屋，但被告刘某乙却以其换得的土地塌方为由占用种庄稼，侵害了原告合法享有的宅基地使用权。

裁判结论：原告有权要求被告移除种植在涉案土地上的庄稼，并返还土地，支持原告提出的要求被告停止侵害、排除妨碍的诉讼请求。

释法析理

该案件中牵扯到的民事权利是在农村地区非常重要的宅基地使用权。宅基地使用权具有绝对性、排他性。根据《中华人民共和国民法典》第362条规定，宅基地使用权人依法对集体所有的土地享有占有和使用的权利，有权依法利用该土地建造住宅及其附属设施。权利人能够占有、使用土地，就说明他能对于侵犯其土地权利的行为要求停止，排除妨碍。在本案中，被告刘某乙可以通过协商或者让司法所、村委会来调解解决利益分配问题，不能靠占地来解决。

相关法条

《中华人民共和国民法典》第三百六十二条　宅基地使用权人依法对集体所有的土地享有占有和使用的权利，有权依法利用该土地建造住宅及其附属设施。

非宅基地所在村村民有权取得宅基地使用权吗

（第 363 条）

基本案情

某村村民朱某某与非某村村民的段某某签订了一份《协议书》，约定朱某某将其拥有的某村小组西路的某段未建成房屋宅基地与段某某的一套住房互相交换。合同签订后，由于段某某没有可供交换的房屋，双方便口头约定由段某某以人民币 336000 元的价格从朱某某处购买该块宅基地。朱某某收到钱款后便将该块宅基地交给段某某，段某某在获得该块宅基地后想建造住房，然而某村所在的区城市管委会告知段某某在该块宅基地上建房是违章建筑，不准建房。为此，段某某要求朱某某返还宅基地购置款，在与朱某某多次协商未果后，将朱某某诉至法院。

问题描述

宅基地使用权的转让，适用土地管理的法律和国家有关规定。本案的争议焦点是，对非特定农村集体经济组织成员的人，法律是否允许其通过买卖取得宅基地使用权。

裁判情况

本案一审判决生效。法院认为宅基地使用权不能单独转让，且转让的对象仅限于本村集体经济组织的村民,段某某非争议宅基地所在村的村民,无权取得该块宅基地使用权,其与朱某某就转让案涉宅基地所订立的合同,因违反法律强制性规定,应属无效。

裁判结论:确认原告、被告之间签订的《协议书》无效;被告应返还原告段某某宅基地使用权转让款共计人民币336000元。

释法析理

根据《中华人民共和国民法典》第363条规定,宅基地使用权的取得、行使和转让,适用土地管理的法律和国家有关规定。根据《中华人民共和国土地管理法》第62条第1款规定,农村村民一户只能拥有一处宅基地,其宅基地的面积不得超过省、自治区、直辖市规定的标准。由宅基地以户为单位、一户取得一块宅基地的原则可得,宅基地使用权的主体仅限于本村的集体经济组织成员,农村集体经济组织以外的人不能取得宅基地,且宅基地的使用权不能单独转让,否则属于非法转让,相关转让合同因违反法律强制性规定而无效。本案中,段某某非该宅基地所在村村民,无权取得该块宅基地的使用权,其和朱某某之间的《协议书》因违反法律规定而无效。合同无效或者被撤销后,因该合同取得的财产,应该予以返还。故该案中,朱某某应当将宅基地使用权转让款336000元返还给原告段某某。

相关法条

1.《中华人民共和国民法典》第三百六十三条 宅基地使用权的取得、行使和转让,适用土地管理的法律和国家有关规定。

2.《中华人民共和国土地管理法》第六十二条第一款 农村村民一户只能拥有一处宅基地,其宅基地的面积不得超过省、自治区、直辖市规定的标准。

宅基地遭灾荒废后，被他人侵占该怎么处理

◆（第 364 条）◆

基本案情

田某甲与田某乙是堂兄弟。田某甲因继承取得 29.9m² 土瓦房屋一间以及自建取得 30.8m² 土瓦房屋一间，房屋所有权人为田某甲。田某甲取得前述房屋的乡村房屋所有权证后，便和家人外出务工，其承包地由田某乙耕种，房屋无人看管。春季发大水，田某甲面积为 30.8m² 的土瓦房屋垮塌，由田某甲兄弟的老丈人带人拆除，留下一片空地，荒芜多年并一直未修缮。田某甲自结婚后回老家都是居住在妻子娘家，妻子偶尔回家祭祖、参加同村村民酒宴。后田某甲委托田某乙代为照管面积为 29.9m² 的土瓦房屋，田某乙在未办理相关用地许可手续的情况下，改建原房屋时占用了原田某甲已垮塌房屋处的部分土地，未办理建房的相关审批及产权登记等手续。多年后，田某甲与田某乙发生纠纷，田某甲要求田某乙返还宅基地，经村社多次调解未果。后田某甲就田某乙占用其宅基地一事诉至法院。

问题描述

该案田某甲取得宅基地使用权后，因外出务工、自然灾害等原因导致该宅基地长期荒废，后田某乙在改建房屋时占用了原来属于田某甲的宅基地，导致了纠纷的产生。该案的争议焦点在于，宅基地遭长期荒废

后,宅基地使用权是否还继续存在。

裁判情况

本案经一审判决生效。法院认为,本案中原告田某甲取得面积为 $30.8m^2$、$29.9m^2$ 的土瓦房屋所有权,即取得了该处宅基地的使用权。后原告名下面积为 $30.8m^2$ 的土瓦房屋因发大水自然灾害的原因坍塌后一直未恢复使用,根据规定,原告对其名下面积为 $30.8m^2$ 的土瓦房屋因自然原因坍塌处的宅基地不享有使用权。故对原告要求被告排除妨害、恢复原状的请求不予支持。

裁判结论:驳回原告田某甲的全部诉讼请求。

释法析理

宅基地使用权人依法对集体所有的土地享有占有和使用的权利,有权依法利用该土地建造住宅及其附属设施。宅基地因自然灾害等原因灭失的,宅基地使用权消灭。本案中,田某甲的房屋因为遭了水灾而毁坏,如果田某甲在一定时间内重新使用这块地的话,按照法律规定,宅基地的使用权还是他的,但是田某甲没有重新使用,根据规定,空地及房屋坍塌或拆除后2年以上仍未恢复使用的土地,由当地县级以上人民政府收回土地使用权。

相关法条

1.《中华人民共和国民法典》第三百六十四条 宅基地因自然灾害等原因灭失的,宅基地使用权消灭。对失去宅基地的村民,应当依法重新分配宅基地。

2.《确定土地所有权和使用权的若干规定》第五十二条 空闲或房屋坍塌、拆除两年以上未恢复使用的宅基地,不确定土地使用权。已经确定使用权的,由集体报经县级人民政府批准,注销其土地登记,土地由集体收回。

登记机关漏登宅基地使用权人，相关权利人有权提起诉讼吗

◆（第 365 条）◆

基本案情

李某某家在某县某村大街路北有老宅一处，其与次女谢某某及女婿王某某同属一户。谢某某向某县政府提出土地登记申请，要求县政府就李某某家老宅基地为其登记、颁证。谢某某向某县政府递交的土地登记申请表中家庭人口一栏填写为2人，土地使用者一栏为谢某某，家庭成员一栏为王某某，没有李某某。某县政府提交的土地登记审批表，土地使用权一栏为谢某某，家庭人口为2人。某县政府为谢某某颁发《集体土地使用证》，该证载明：土地使用权人为谢某某，坐落于某县某村大街路北，用途为宅基地。后李某某与谢某某夫妻分户，独自办理了户口登记。李某某认为某县政府颁发的《集体土地使用证》侵犯其合法权益，属于违法行政行为，应予撤销，遂将某县政府诉至法院。

问题描述

根据民法与土地管理法的相关规定，我国农村宅基地以户为单位享有使用权。本案的争议焦点是，如果登记机关在土地权利登记过程中存在错登或漏登农户家庭成员，相关权利人是否可以提起诉讼。

裁判情况

本案经过一审、二审和再审。一审、二审均以宅基地以户为单位取得，李某某作为谢某某所在户的家庭成员，颁证行为对其合法权益不产生实际影响为由驳回李某某的起诉。再审法院认为，某县政府为谢某某颁发涉诉集体土地使用权证，导致李某某未被纳入宅基地使用人的范围，损害了其在土地使用、流转等法律关系中的合法权益，被诉颁证行为与李某某具有法律上的利害关系。

裁判结论：撤销一审、二审裁判，判定李某某与某县政府错误颁证行为之间具有法律上的利害关系，故李某某有权提起诉讼。

释法析理

相关权利人能否提起诉讼，需要看其与被诉行政行为是否有利害关系。根据《中华人民共和国土地管理法》第62条第1款，农村村民一户只能拥有一处宅基地。也即，宅基地使用权人应当包括该农户的全部家庭成员。不动产物权的设立，经依法登记，发生效力。根据《中华人民共和国民法典》第365条规定，已经登记的宅基地使用权转让或者消灭的，应当及时办理变更登记或者注销登记。这表明宅基地使用权登记的正确与否，关系到宅基地使用权人的权利在法律上是否存在。因此，农村家庭成员对其以户为单位所享有的宅基地使用权，应当落实在相应的土地登记中，而李某某作为涉案宅基地的合法使用权人之一，被某县政府颁发的《集体土地使用证》所遗漏，损害了其在宅基地使用、流转、征收等法律关系中的合法权益。因此，登记机关漏登宅基地使用权人，相关权利人有权向违法颁证的登记机关提出请求。

相关法条

1. 《中华人民共和国民法典》第三百六十五条 已经登记的宅基地使用权转让或者消灭的,应当及时办理变更登记或者注销登记。

2. 《中华人民共和国土地管理法》第六十二条第一款 农村村民一户只能拥有一处宅基地,其宅基地的面积不得超过省、自治区、直辖市规定的标准。

离婚＝无家可归吗

（第 366 条、第 367 条、第 368 条）

基本案情

刘某甲与薛某某经人介绍相识后登记结婚。结婚初期，感情尚可，一年后生一男孩，取名刘某乙（现大学在读）。后因刘某甲个人情感问题，双方发生矛盾，导致夫妻感情日趋恶化，双方开始分居。多年后，刘某甲提起离婚诉讼。刘某甲婚前有平房一处，后该房屋被拆迁，分得楼房两处，其中一处由被告母子二人一直居住至今。被告薛某某提出其个人没有积蓄，双方没有共同财产分割，离婚将导致被告无法维持本地基本生活水平，可能导致儿子学业停止，请求法庭考虑被告的实际情况，判决原告给予经济补偿、提供房屋居住。

问题描述

本案的争议焦点是，离婚纠纷中，一方当事人为家庭付出较多，离婚后，没有经济收入、没有住所，属于生活困难者，离婚时，是否可以要求对方以个人财产中的住房对生活困难者提供帮助。

裁判情况

本案经过一审、二审。二审法院认为，薛某某没有固定工作，也没有自己的住房，仍需要继续负担刘某乙上大学期间的相关费用，属于法律规定的"生活困难"的情形。薛某某要求刘某甲给予经济帮助，符合相关法律要求。

裁判结论：鉴于刘某甲婚前房屋拆迁后获得两处房屋，刘某甲应将一处房屋提供给薛某某及儿子刘某乙居住，直至薛某某再婚时。

释法析理

离婚时，一方以个人财产中的住房对生活困难者进行帮助的形式，可以是房屋的居住权。关于房屋的居住期限，应结合案情具体情况具体分析；在不影响另一方生活的情况下，生活困难者可以居住至再婚时，甚至是终生。

物权是权利人依法对特定的物享有直接支配和排他的权利，包括所有权、用益物权和担保物权。用益物权人对他人所有的不动产或者动产，依法享有占有、使用和收益的权利。民法典新增规定了"居住权"这一新型用益物权，给予离婚后居住问题的处理以有力支撑。根据《中华人民共和国民法典》第366条、第367条、第368条之规定，离婚双方可通过书面形式进行约定，给予生活困难一方房屋居住权，在向登记机构进行居住权登记后获得效力。

相关法条

1.《中华人民共和国民法典》第三百六十六条　居住权人有权按照合同约定，对他人的住宅享有占有、使用的用益物权，以满足生活居住的需要。

2.《中华人民共和国民法典》第三百六十七条　设立居住权，当事人应当采用书面形式订立居住权合同。

居住权合同一般包括下列条款：

（一）当事人的姓名或者名称和住所；

（二）住宅的位置；

（三）居住的条件和要求；

（四）居住权期限；

（五）解决争议的方法。

3.《中华人民共和国民法典》第三百六十八条　居住权无偿设立，但是当事人另有约定的除外。设立居住权的，应当向登记机构申请居住权登记。居住权自登记时设立。

留给儿子的房产女儿能居住吗
（第366条、第371条）

基本案情

被继承人罗某某有简某甲及简某戊等五名子女。罗某某去世前留下遗言：将现住房屋产权留给儿子简某甲，女儿简某戊有居住权，房屋不能出租或出卖，如有变动需经五儿女签名同意。简某甲要求据遗言继承上述房产全部所有权时，遭到简某乙、简某丙、简某丁、简某戊拒绝，致使简某甲至今未能取得房产所有权。简某甲遂起诉至法院，请求确认房屋所有权。简某戊认为自己依法享有居住权，请求法院予以认可。

问题描述

本案的争议焦点是，房屋所有人是否可以通过遗嘱在处分房屋所有权的同时，在房屋上为第三人设立居住权。

裁判情况

本案经过一审、二审。二审法院认为，罗某某将涉案房屋产权遗留给儿子简某甲的意思表示是清晰明确的，其关于简某戊有居住权、未经五名子女同意不能出租或出售等只是遗嘱附有的义务，系对继承人所有权的限制，而不是对所有权的否定，但同时也肯定了简某戊对涉案房屋享有居住权。

裁判结论：简某甲主张其应享有涉案房屋的全部所有权份额有理，法院予以支持。但简某甲继承涉案房屋的所有权时，需尊重被继承人罗某某生前遗愿，履行遗言所确定的简某戊有居住权及未经简某乙、简某丙、简某丁、简某戊同意不得对涉案房屋出租或出售之义务。

释法析理

居住权，是指居住权人对他人所有房屋的全部或部分所享有的占有、使用的权利。居住权的设定将房屋所有权在居住权人和所有人之间分配，从而满足各自不同的需求，实现了对特定弱势群体的住房保障。

居住权入"典"是此次民法典的一大亮点，作为一项新型的用益物权，具有一定的对抗性和直接支配性，根据民法典的规定，所有权上设定居住权，应当通过书面合同或者遗嘱方式设立。居住权经过登记设立后，即使所有权人发生变动，也不会对居住权产生影响，充分保障了特定人群的居住需求。

相关法条

1.《中华人民共和国民法典》第三百六十六条 居住权人有权按照合同约定，对他人的住宅享有占有、使用的用益物权，以满足生活居住的需要。

2.《中华人民共和国民法典》第三百七十一条 以遗嘱方式设立居住权的，参照适用本章的有关规定。

地役权合同可以口头订立吗
（第 372 条、第 373 条）

基本案情

温某某、罗某某与范某甲、范某乙、赖某某所购房产相邻一排。后范某甲、范某乙、赖某某未经审批，开始将所购得的店面拆旧建新。在建好第一层，加建二层以上楼房时，温某某、罗某某提出异议，并向村委、镇政府反映，镇村二级曾向范某甲、范某乙、赖某某下发停建通知，但其仍继续建房，双方发生纠纷，温某某、罗某某以范某甲、范某乙、赖某某侵犯其地役权为由，诉至法院。

问题描述

设立地役权，当事人应当采用书面形式订立地役权合同。本案的争议焦点是，原告、被告之间未签订过任何形式的地役权合同，能否认定存在地役权合同关系。

裁判情况

本案经一审判决生效。法院认为，当事人以合同设立地役权的行为属要式行为，必须采用书面形式，温某某、罗某某未提供证据证明双方签订过任何地役权书面合同，故不存在地役权合同关系。

裁判结论：原告、被告之间未签订过任何形式的地役权合同，不存在地役权合同关系，驳回温某某、罗某某的诉讼请求。

释法析理

根据《中华人民共和国民法典》第373条规定，设立地役权，当事人应当采用书面形式订立地役权合同。当事人订立合同，有书面形式、口头形式和其他形式。法律、行政法规规定采用书面形式的，应当采用书面形式。当事人约定采用书面形式的，应当采用书面形式。根据上述法律规定，当事人以合同设立地役权的行为属要式行为，必须采用书面形式。本案中，温某某、罗某某与范某甲、范某乙、赖某某之间没有书面签订地役权合同，也未提供证据证实其与范某甲、范某乙、赖某某受让房屋前的产权人之间签订有书面的地役权合同。因此，双方未签订过任何形式的地役权合同，不存在地役权合同关系。

相关法条

1. 《中华人民共和国民法典》第三百七十二条　地役权人有权按照合同约定，利用他人的不动产，以提高自己的不动产的效益。

前款所称他人的不动产为供役地，自己的不动产为需役地。

2. 《中华人民共和国民法典》第三百七十三条　设立地役权，当事人应当采用书面形式订立地役权合同。

地役权合同一般包括下列条款：

（一）当事人的姓名或者名称和住所；

（二）供役地和需役地的位置；

（三）利用目的和方法；

（四）地役权期限；

（五）费用及其支付方式；

（六）解决争议的方法。

地役权可以对抗不知情的第三人吗
（第 374 条）

基本案情

某源公司与某跃公司约定：（1）某跃公司 13 米左右长度的车辆可在某源公司厂区及办公楼北边通道通行；（2）任何一方出售厂房，另一方有优先购买权。后某源公司将其拥有的房地产出卖给某展公司。某源公司、某跃公司和某展公司就某跃公司经过的通道予以明确。某迹公司通过淘宝网司法拍卖网络平台拍卖取得某展公司所有的房地产等资产。后某迹公司在某跃公司原正常通行的大门上加锁。现某跃公司认为，某迹公司加锁行为侵犯其通行权。因协商未果，故将某迹公司诉至法院。

问题描述

地役权自地役权合同生效时设立。当事人要求登记的，可以向登记机构申请地役权登记；未经登记，不得对抗善意第三人。本案的争议焦点是，当事人通过司法拍卖合法取得财产，法律是否认定该当事人为善意第三人。

裁判情况

本案经一审终结。法院认为，某迹公司是经司法拍卖取得的房地产，其属于善意第三人，而地役权因其源于当事人的约定，只有经过登记才能对抗善意第三人。

裁判结论：涉案房产未向法院申报地役权利，且某迹公司未知晓所述房产上设有地役权，其是通过司法网络平台拍取上述房地产，应为善意第三人。判决驳回某跃公司的诉讼请求。

 释法析理

根据《中华人民共和国民法典》第374条规定，地役权自地役权合同生效时设立。当事人要求登记的，可以向登记机构申请地役权登记；未经登记，不得对抗善意第三人。本案某跃公司虽曾与某源公司、某展公司就地役权签订过协议，并按相关协议履行，但该房地产由法院公告拍卖期间，未向法院申报过权利，同时本案某迹公司庭审中称其未知晓所述房产上设有地役权，其是通过司法网络平台拍取上述房地产，应为善意第三人。由于地役权源于当事人的约定，只有经过登记才能对抗善意第三人，故某跃公司所主张地役权于法无据，难以支持。综上，在地役权合同未登记且供役地的权利人将土地转让给不知情的第三人的情况下，地役权的权利人不得对善意的第三人去主张地役权。

相关法条

《中华人民共和国民法典》第三百七十四条　地役权自地役权合同生效时设立。当事人要求登记的，可以向登记机构申请地役权登记；未经登记，不得对抗善意第三人。

提供出行的唯一道路可以任性封堵吗
（第 376 条）

基本案情

某丰公司租用了葛某某家位于某村土地5.5亩，后因经营需要，又向葛某某租用了旁边的6亩土地。在向其支付10年的租金后，某丰公司在租用的土地上开挖平场、砌筑保坎、硬化场地、建设洗煤生产线及钢架大棚，购置了机械设备等，共投资1000多万元，建设起煤炭洗、筛、分、储、售一体的煤炭综合经营企业。几年后，葛某某以某丰公司所租用的第一块地期限已满为由，封锁、堵塞了某丰公司唯一进出的大门。由于某丰公司在使用第二次向葛某某租来的地时，必须从第一次租赁来的土地上经过，某丰公司多次找葛某某协商均无果，且葛某某宣称到期的第一块地不再租给某丰公司，无奈将葛某某诉至法院。

问题描述

地役权人应当按照合同约定的利用目的和方法利用供役地，尽量减少对供役地权利人物权的限制。本案的争议焦点是，如何确定并合理使用供役地。

裁判情况

本案一审判决生效。法院认为，某丰公司要正常在第二块地上经营，须从第一块地上经过，否则，没有路可通过，因此葛某某对租出的第一块地的限制，影响某丰公司承租的第二块地的使用。

裁判结论：葛某某提供供役地供车辆通行，供役地大小及如何合理使用供役地根据通行汽车所需道路的规格来确定。

释法析理

根据《中华人民共和国民法典》第376条规定，地役权人应当按照合同约定的利用目的和方法利用供役地，尽量减少对供役地权利人物权的限制。某丰公司在与葛某某达成协议后，投入资金上千万元修建了办公室，搭建了钢架棚等不动产，已建设成为煤炭洗、筛、分、储、售一体的煤炭综合经营企业。某丰公司作为一个企业，生产效益应是其最大的目标，且该企业的正常经营必须利用葛某某的住房旁、同属于葛某某家承包的土地作为运输车辆通往的道路，其车辆必须通行的道路已成为某丰公司不动产的需役地，葛某某住房旁、同属于葛某某家承包的土地为供役地。某丰公司车辆必须通行的道路需宽8米、长25米左右，即约0.3亩土地，葛某某及家人应提供，但此道路要尽量减少对供役地权利人物权的限制，即道路应在进大门右边靠墙的一边开通。假如某丰公司在其他位置开通道路或者在道路上通行超载的大型卡车，有可能会对该道路造成损坏，以及产生噪音、灰尘等问题，影响葛某某一家的生活秩序。因此，某丰公司应当按照合同约定来利用供役地，尽量减少对葛某某物权的限制。

相关法条

《中华人民共和国民法典》第三百七十六条 地役权人应当按照合同约定的利用目的和方法利用供役地，尽量减少对供役地权利人物权的限制。

房屋所有权人变更的，原房屋抵押合同是否仍然成立

◆（第386条、第394条）◆

基本案情

杨某某因故以朋友李某某的名义购买了上海市浦东新区丁香路住房一套，产权登记于李某某名下。两年后，李某某与王某某签订了一份《抵押借款协议》，约定由李某某以其名下的上海市浦东新区丁香路房屋作抵押，向王某某借款人民币90万元，该《抵押借款协议》经上海市杨浦公证处作了具有强制执行效力的债权文书公证。随后，借贷双方办理了上述房屋抵押登记手续。杨某某得知后与李某某对上述房屋产权产生争议，杨某某诉至法院，要求确认上述房屋归杨某某所有。法院作出判决，确认上海市浦东新区丁香路房屋归杨某某所有。该判决现已生效。由于李某某所欠王某某的借款迟迟未还，王某某欲行使抵押权，因上述房屋已判归杨某某所有，而杨某某现对房屋抵押有异议，以致王某某行使抵押权受阻，起诉到法院。

问题描述

担保物权人在债务人不履行到期债务或者发生当事人约定的实现担保物权的情形，依法享有就担保财产优先受偿的权利，但是法律另有规定的除外。该案李某某将登记在自己名下、实为杨某某所有的房屋进行抵押，杨某某得知后，向法院提出产权确权诉讼，确定房屋归杨某某所

有后，杨某某对李某某的抵押行为提出异议，原李某某将该房屋作出的抵押是否仍然有效？

裁判情况

法院审理后认为，依法成立的合同，受法律保护。为担保债务的履行，债务人或者第三人不转移财产的占有，将该财产抵押给债权人的，债务人不履行到期债务或者发生当事人约定的实现抵押权的情形，债权人有权就该财产优先受偿。第三人李某某与原告王某某签订《抵押借款协议》，以登记于第三人名下的住房作抵押向原告借款，原告有理由相信第三人对该房屋享有处分权，且借款事实经公证确认属实，抵押也进行了登记，故《抵押借款协议》为有效合同，应当受法律保护。现抵押物虽已判归被告杨某某所有，但抵押权人原告对抵押物应享有追及力。第三人李某某虽然不是真正的房屋产权人，但是房屋登记在其名下，该房产登记行为具有公信力。原告作为善意第三人，在签订《抵押借款协议》时，并不知道被告与第三人之间对上述房屋产权存在虚假登记的情况，其有理由相信该房屋系登记人所有。因此，原告享有的抵押权受法律保护，抵押行为无须经被告同意或事后追认，才能产生法律效力。被告杨某某的辩解意见，缺乏法律依据，法院不予采纳。原告的诉讼请求合法有据，法院应予支持。

裁判结论：准予原告王某某对被告杨某某所有的上海市浦东新区丁香路房屋行使抵押权。

释法析理

《中华人民共和国民法典》第386条规定，担保物权人在债务人不履行到期债务或者发生当事人约定的实现担保物权的情形，依法享有就担保财产优先受偿的权利，但是法律另有规定的除外。依法成立的合同，受法律保护。为担保债务的履行，债务人或者第三人不转移财产的占有，将该财产抵押给债权人的，债务人不履行到期债务或者发生当事人约定的实现抵押权的情形，债权人有权就该财产优先受偿。该案中，李某某与王某某签订的《抵押借款协议》，约定由李某某以其名下的上海市浦东新区丁香路房屋作抵押，向王某某借款人民币90万元，借贷双方办理了上述房屋抵押登记手续。该《抵押借款协议》双方意思表示真实，不违反法律，应当依法成立，受法律保护。李某某虽然不是真正的房屋产权人，但是房屋登记在其名下，该房产登记行为具有公信力。王某某作为善意第三人，在签订《抵押借款协议》时，并不知道杨某某与李某某之间对上述房屋产权存在虚假登记的情况，其有理由相信该房屋系登记人所有。

相关法条

1.《中华人民共和国民法典》第三百八十六条　担保物权人在债务人不履行到期债务或者发生当事人约定的实现担保物权的情形，依法享有就担保财产优先受偿的权利，但是法律另有规定的除外。

2.《中华人民共和国民法典》第三百九十四条第一款　为担保债务的履行，债务人或者第三人不转移财产的占有，将该财产抵押给债权人的，债务人不履行到期债务或者发生当事人约定的实现抵押权的情形，债权人有权就该财产优先受偿。

第三人为债务人向债权人提供担保的，可以要求债务人提供反担保吗

◆（第 387 条）◆

📄 基本案情

某市农行与服饰公司、房企公司签订保证贷款合同一份，约定由市农行借给服饰公司人民币 500 万元，月利率 9.24‰，房企公司提供连带担保责任，合同签订当日生效。合同签订后，市农行按约划款，借款期限届满后，服饰公司仅归还部分利息，房企公司未尽担保义务，市农行遂向法院起诉。另外，借款期限届满前一年左右，雪豹公司向房企公司出具承诺书，承诺对服饰公司向市农行借款一事为房企公司提供反担保。

🔍 问题描述

本案主要涉及反担保问题。第三人为债务人向债权人提供担保的，可以要求债务人提供反担保。实践中，反担保到底是哪种形式的担保？反担保应承担何种法律责任？

⚖ 裁判情况

法院审理后认为，雪豹公司为服饰公司借款而向担保人房企公司提供反担保，意思表示真实，内容不违反法律规定，认定有效。房企公司作为保证人按已生效的法律文书履行了保证义务后，有权向服饰公司和雪豹公司追偿。

裁判结论：基于该院已生效的裁判文书所确认的房企公司以房产物资抵偿服饰公司积欠市农行全部债务 5931830 元及向市农行支付利息 247262.40 元的事实，判令服饰公司归还上述债务，雪豹公司承担连带责任。

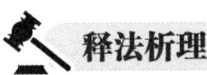

释法析理

本案主要涉及反担保问题。反担保，是指为保障债务人之外的担保人将来承担担保责任后实现对债务人的追偿权而设定的担保。反担保是相对于本担保而言并在既存本担保关系的基础上设立的。本担保必须是债务人之外的第三人提供的，才会产生反担保的问题。债务人自己充当担保人时，不存在追偿权的法律问题，当然不需要设立反担保。在本担保中，为债务人向债权人提供担保的第三人，在债务人届期不履行债务时，须依合同约定及法律规定承担担保责任，以自己的财产代为债务之清偿。代偿债务后，该担保人即成为债务人的新债权人，就其代债务人向债权人清偿的债务，有权向债务人追偿。正如债权人因担忧债务人的偿债能力而要求债务人或第三人为债务的履行提供可靠的担保一样，为债务人向债权人提供担保的第三人，出于自身利益计，也往往会虑及其期待的追偿权成为既得权后能否实现的问题，为避免或减少其追偿权实现的风险，他可以根据情况，事先要求债务人或债务人以外的人向其提供反担保，以保障其承担担保责任后向债务人追偿损失的权利的实现。

《中华人民共和国民法典》第 387 条第 2 款规定："第三人为债务人向债权人提供担保的，可以要求债务人提供反担保。反担保适用本法和其他法律的规定。"反担保并不是一种与抵押、质押、留置和保证等并列的新的担保方式，反担保的方式也只能从既有的担保方式中选择。反担保方式可以是债务人提供的抵押或者质押，也可以是其他人提供的保证、抵押或者质押。根据上述规定，反担保的方式既可以是物的担保，也可以是人的担保。债务人可以用自己的财产为本担保人设定抵押或者质押，但是不能提供保证，因为自己不能作自己的保证人。其他人可以为本担保人提供保证担保，也可以提供抵押或者质押的物权担保。

本案中，市农行、服饰公司与房企公司签订了保证贷款合同，雪豹公司出具反担保承诺书，在形式上符合反担保成立的条件，雪豹公司提供反担保成立。房企公司作为服饰公司的担保人，已经为服饰公司实际承担了债务，房企公司的财产被强制执行之后即取得对服饰公司和雪豹公司的追偿权。因此，房企公司在此范围内对反担保人雪豹公司享有追偿权，雪豹公司也只能在此范围内承担反担保责任。

相关法条

《中华人民共和国民法典》第三百八十七条　债权人在借贷、买卖等民事活动中，为保障实现其债权，需要担保的，可以依照本法和其他法律的规定设立担保物权。

第三人为债务人向债权人提供担保的，可以要求债务人提供反担保。反担保适用本法和其他法律的规定。

车主将车辆抵押给融资租赁公司，后发生车辆自燃全损，保险公司应向谁支付保险赔偿金

◆（第 390 条）◆

📄 基本案情

孟某在某二手车市场购买了车牌号为鲁B×××××号车辆，并于当日将车辆登记在自己名下。同日，孟某与某融资租赁公司签订了《融资租赁套系合同》，约定车辆价格为 148000 元，合同总额为 161768 元，融资金额为 148000 元。孟某将购买车辆抵押给融资租赁公司，以回租方式租赁使用该车辆。也在同日，孟某作为投保人与某保险公司建立保险合同关系，孟某投保了机动车损失险、盗抢险、第三者责任险及不计免赔，还投保了附加险自燃损失险，保险金额为 134566.6 元；特别约定了某融资租赁公司为第一受益人。该车辆在曲阜市某街道办事处某村某胡同南巷发生烧损事故。曲阜市公安消防大队出具了《曲阜市公安消防大队火灾事故简易调查认定书》，认定火灾造成该车辆烧损，直接财产损失 96650 元（不作为民事赔偿依据），无人员伤亡。经调查，起火点位于车辆后部位置，起火原因可排除雷击，无放火嫌疑。后各方因保险赔偿问题发生纠纷，孟某起诉至法院。

问题描述

本案围绕车辆的自燃事故,当事人之间存在多种法律关系,孟某与保险公司存在保险合同关系,孟某与融资租赁公司存在借贷、抵押、租赁关系。车辆事故发生后,保险公司如何理赔是本案的主要争议点。

裁判情况

法院审理后认为,本案中,原告孟某与第三人融资租赁公司基于融资租赁合同关系在涉案车辆上设立抵押权,在保险合同中有关第一受益人的特别约定实质上基于担保物权物上代位性。担保期间,担保财产毁损、灭失或者被征收等,担保物权人可以就获得的保险金、赔偿金或者补偿金等优先受偿。被担保债权的履行期限未届满的,也可以提存该保险金、赔偿金或者补偿金等。

本案中,原告与第三人签订了融资租赁合同,原告在为被保险机动车投保商业险时,与被告约定了保单的第一受益人为第三人。根据民事权利意思自治原则,可以确认第三人在本案中的地位即为有独立请求权的第三人。

裁判结论:现涉案车辆发生自燃导致全损,根据保险合同的特别约定,本案的保险理赔款应当向第三人支付。除第三人主张的数额72871元外,剩余保险理赔款由原告领取。如原告就还贷数额与第三人发生争议,可另行解决,本案不予处理。

释法析理

合同是当事人意思表示的合意,是当事人通过自由协商、决定相互间权利义务关系的自主协议。因此,从鼓励交易和合同自由的原则出发为第三方设定权利和利益,系合同当事人自愿作出处分其权利和利益、承受义务和不利益状态的决定,不损害第三方利益,不存在违反合同生效要件的情形,对各方当事人具有约束力。本案中,原告与第三人基于融资租赁合同关系在涉案车辆上设立抵押权,在保险合同中有关第一受益人的特别约定实质上基于担保物权物上代位性,是符合法律规定的。根据《中华人民共和国民法典》第390条规定,担保期间,担保财产毁损、灭失或者被征收等,担保物权人可以就获得的保险金、赔偿金或者补偿金等优先受偿。被担保债权的履行期限未届满的,也可以提存该保险金、赔偿金或者补偿金等。融资租赁公司作为事故车辆的抵押权人,有权就车辆保险金、赔偿金或者补偿金等优先受偿。法院裁判符合民法典对担保物权的规定。

相关法条

《中华人民共和国民法典》第三百九十条　担保期间,担保财产毁损、灭失或者被征收等,担保物权人可以就获得的保险金、赔偿金或者补偿金等优先受偿。被担保债权的履行期限未届满的,也可以提存该保险金、赔偿金或者补偿金等。

债权人与债务人约定将债务转让给第三人承担，原债权债务的担保人是否还要承担担保责任

（第 391 条）

基本案情

百和公司与金佳公司签订《钢材购销合同》，约定：百和公司向金佳公司采购钢材3000吨，其中2000吨可由金佳公司垫资。一年后，金佳公司与熊某某、张某某签订了一份《担保协议》，其约定：百和公司承建世成公司开发某商品房项目期间，在金佳公司购买钢材，经结算，百和公司尚欠金佳公司钢材款总额500多万元，如果百和公司没有按期支付货款，则将熊某某、张某某所属的房屋抵押给金佳公司。次月，世成公司、百和公司与金佳公司（丙方）签订了一份《债权债务转让协议》，经三方共同确认，百和公司共欠金佳公司603.85万元，本协议签订后，此款由世成公司负责支付。货款到期后，由于世成公司未能按时付款，导致诉讼。

问题描述

本案的争议焦点是，货款到期后，原债务人百和公司不能按时还款，将债务转移给世成公司负责后，原担保人熊某某、张某某是否要承担担保责任。

裁判情况

法院审理后认为,第三人提供担保,未经其书面同意,债权人允许债务人转移全部或者部分债务的,担保人不再承担相应的担保责任。本案中,金佳公司同意百和公司将对其的钢材款支付义务转由世成公司承担,构成债务转移。由于金佳公司与熊某某、张某某签订《担保协议》时间在前,而与百和公司、世成公司签订《债权债务转让协议》在后,即本案中熊某某、张某某向金佳公司提供担保时间在前,百和公司转移债务时间在后,在此情形下,如果需要熊某某、张某某继续承担担保责任,应当取得熊某某、张某某的书面同意。但本案中没有证据证明百和公司将对金佳公司债务转移给世成公司时,取得了熊某某、张某某的书面同意。

裁判结论:判决熊某某、张某某不再承担担保责任。

释法析理

本案涉及担保人在原债权人与债务人转移债务时,是否继续承担担保责任。《中华人民共和国民法典》第391条规定:"第三人提供担保,未经其书面同意,债权人允许债务人转移全部或者部分债务的,担保人不再承担相应的担保责任。"第三人提供担保财产一般是基于其与债务人之间的特殊信任关系,或者对债务人的资产、信誉有所了解。所以在担保关系中,一旦未经担保人同意,债务人擅自转移债务的,将给担保人带来较大风险,因为提供担保财产的第三人对新的债务人可能一无所知。设立担保物权虽主要是为保障债权的实现,但也要照顾到担保人的利益,特别是当担保人是债务人以外的第三人时,如何平衡担保人、担保物权人和债务人三者的利益就很重要。上述法条对债权人的权利行使进行了限制,明确规定,第三人提供担保,未经其书面同意,债权人允许债务人转移全部或者部分债务的，担保人不再承担相应的担保责任。这种限制不但是对担保人利益的保护，同时也是对债权人利益的保护，较好地平衡了担保人、债务人和债权人的利益。

相关法条

《中华人民共和国民法典》第三百九十一条 第三人提供担保，未经其书面同意，债权人允许债务人转移全部或者部分债务的，担保人不再承担相应的担保责任。

债务到期后，既有物的担保又有人的担保，应如何清偿

（第 392 条）

基本案情

浙江仪化集团公司以归还政府应急转贷专项资金为由，向浙江银行申请贷款，签订了《流动资金借款合同》，约定贷款金额为人民币 7000 万元，并以浙江仪化集团公司的厂房作抵押。同日，浙江银行（甲方）与河南仪化公司、上海贝里公司、陈某荣、赵某娥（乙方）签订《保证合同》，约定乙方对浙江仪化集团公司向甲方贷款的 7000 万元承担保证责任，《保证合同》还约定：若除本合同约定的担保方式外，主合同项下还存在其他担保（包括但不限于主合同债务人向乙方提供物的担保）的，甲方有权选择优先行使本合同项下权利，要求乙方承担连带保证责任，乙方对甲方承担的保证责任不受任何其他担保的影响，乙方不得以其他担保为由免除或减轻其保证担保责任。贷款到期后，浙江仪化集团公司不能清偿借款，浙江银行提起诉讼。

问题描述

现实生活中，债权人与债务人发生债权债务关系时，为了确保自己的财产安全，往往要债务方提供多重担保，如既有物的担保又有人的担保。这种情况下，若债务人不能清偿债务，担保责任该如何承担？

裁判情况

法院审理后认为,本案浙江仪化集团公司与浙江银行签订的《流动资金借款合同》以及浙江银行(甲方)与河南仪化公司、上海贝里公司、陈某荣、赵某娥(乙方)签订的《保证合同》符合法律规定,真实有效。《保证合同》已约定债权人有权选择优先行使该合同项下权利,要求保证人承担连带保证责任,该约定视为保证人放弃债权人先就债务人提供物的担保实现债权的抗辩。浙江银行根据《保证合同》的约定要求河南仪化公司、上海贝里公司、陈某荣、赵某娥对涉案贷款本息承担连带清偿责任,符合法律规定,本院予以支持。河南仪化公司、上海贝里公司、陈某荣、赵某娥承担保证责任后,有权向债务人浙江仪化集团公司追偿。

裁判结论:判决浙江仪化集团公司向浙江银行偿还到期债务,河南仪化公司、上海贝里公司、陈某荣、赵某娥对上述债务承担连带责任;如浙江仪化集团公司到期未履行上述债务,浙江银行有权以拍卖、变卖浙江仪化集团公司名下厂房所得价款优先受偿。

释法析理

《中华人民共和国民法典》第 392 条规定:"被担保的债权既有物的担保又有人的担保的,债务人不履行到期债务或者发生当事人约定的实现担保物权的情形,债权人应当按照约定实现债权;没有约定或者约定不明确,债务人自己提供物的担保的,债权人应当先就该物的担保实现债权;第三人提供物的担保的,债权人可以就物的担保实现债权,也可以请求保证人承担保证责任。提供担保的第三人承担担保责任后,有权向债务人追偿。"也就是说,对于既有物的担保又有人的担保的债权,有约定的要按约定处理,没有约定或约定不明的,如果债务人有提供物的担保的,应优先处置该担保物,不足部分再继续要求保证人承担保证责任。本案中既有物的担保又有人的担保，但当事各方对担保有明确约定，即债权人有权选择优先行使《保证合同》项下权利，要求保证人承担连带保证责任，该约定视为保证人放弃债权人先就债务人提供物的担保实现债权的抗辩。该约定不违反法律，因此本案法院判决在债务人未能清偿债务时，按约由保证人承担连带责任，并未优先处置债务人的担保物。

相关法条

《中华人民共和国民法典》第三百九十二条 被担保的债权既有物的担保又有人的担保的，债务人不履行到期债务或者发生当事人约定的实现担保物权的情形，债权人应当按照约定实现债权；没有约定或者约定不明确，债务人自己提供物的担保的，债权人应当先就该物的担保实现债权；第三人提供物的担保的，债权人可以就物的担保实现债权，也可以请求保证人承担保证责任。提供担保的第三人承担担保责任后，有权向债务人追偿。

以建设用地使用权抵押的，该土地上的建筑物一并抵押吗

（第 397 条）

基本案情

甲公司因经营需要向乙银行借款，并以其名下的土地及地上建筑物为上述借款提供抵押担保，双方到国土部门办理了土地他项权利证明书。因地上建筑物为在建项目，未到房产管理部门办理抵押登记手续，仅在土地他项权利证明书内注明抵押物为土地及地上建筑物。后甲公司未依约足额清偿，乙银行遂起诉至法院，请求判决甲公司偿还欠款本息并确认其对抵押的土地及地上建筑物享有优先受偿权。

问题描述

本案的争议焦点是，在当事人未将建筑物与建设用地使用权一并抵押，而是仅将建设用地使用权抵押的，该土地上的建筑物是否一并抵押。

裁判情况

本案经过一审、二审。一审法院认为，以正在建造的建筑物抵押的，应当办理抵押登记，抵押权自登记时设立。本案用于抵押的建筑物是在建工程，并未在房地产管理部门办理在建工程的抵押登记手续，仅在土地他项权利证明书内注明抵押物为土地及地上建筑物。因此，抵押协议中涉及的地上建筑物抵押因未依法办理抵押登记，抵押权未设立，乙银

行仅对土地使用权享有优先受偿权,对地上建筑物不享有优先受偿权。二审法院则认为,当事人应对土地使用权及其地上建筑物一并抵押,如果当事人未一并抵押时,则法律直接规定"视为一并抵押"。即只要土地使用权或地上建筑物之一项办理抵押登记,即使另外一项没有办理抵押登记,亦依法推定为两者一并抵押。乙银行与甲公司已就土地使用权办理了抵押登记,依法设立了抵押权,即便在土地他项权利证明书中未注明抵押物包括地上建筑物,案涉地上建筑物也应视为一并抵押。

裁判结论:乙银行应就本案享有的债权依法对案涉地上建筑物享有优先受偿权。

释法析理

民法典坚持了物权法关于房地应一并抵押的规定。《中华人民共和国民法典》第397条规定:"以建筑物抵押的,该建筑物占用范围内的建设用地使用权一并抵押。以建设用地使用权抵押的,该土地上的建筑物一并抵押。抵押人未依据前款规定一并抵押的,未抵押的财产视为一并抵押。"本案中,虽然因地上建筑物为在建项目,未到房产管理部门办理抵押登记手续,但由于涉案土地已办理抵押登记,故地上建筑物视为一并抵押,乙银行依法享有优先受偿权。

相关法条

《中华人民共和国民法典》第三百九十七条 以建筑物抵押的,该建筑物占用范围内的建设用地使用权一并抵押。以建设用地使用权抵押的,该土地上的建筑物一并抵押。

抵押人未依据前款规定一并抵押的,未抵押的财产视为一并抵押。

医院名下的土地使用权及房屋可以抵押吗

（第 399 条）

基本案情

借款人邢某因资金周转需要，从周某处借款 8000 万元，双方签订《借款合同》。为保障债权人周某债权的实现，抵押人甲医院自愿为邢某与周某的债务提供担保。后周某作为抵押权人，甲医院作为抵押人，签订《抵押合同》。《抵押合同》约定，甲医院以其所有的某地国有土地及其上的房屋，为邢某向周某所借的债务提供担保。后邢某未能在约定的还款期限内还本付息，周某向法院提起诉讼。

问题描述

本案中，周某认为甲医院将医院的国有土地使用权和房屋所有权用于抵押，违反法律规定，导致《抵押合同》无效，故起诉请求确认其与甲医院签署的《抵押合同》无效，并判令甲医院对债务承担连带清偿责任。甲医院抗辩称，法律规定不能抵押的财产是"事业单位、社会团体的教育设施、医疗卫生设施和其他社会公益设施"。甲医院是个人独资企业，且登记为"营利性机构"，甲医院财产不属于不得抵押财产，甲医院无过错，其对外提供抵押担保并不受该条法律限制。因此，本案的焦点问题在于，甲医院土地使用权及房屋能否进行抵押。

裁判情况

本案经过一审、二审。法院认为,甲医院虽为私人所有的营利性医疗机构,相较于公办医疗机构,仅是投资渠道上的不同,并不能否定其公益属性,私立医院中的医疗卫生设施仍属于社会公益设施。根据法律规定,甲医院为邢某的借款提供担保的财产属依法不得抵押的财产。由此,周某与甲医院签订的《抵押合同》为无效合同。主合同有效而担保合同无效,债权人无过错的,担保人与债务人对主合同债权人的经济损失,承担连带赔偿责任;债权人、担保人有过错的,担保人承担民事责任的部分,不应超过债务人不能清偿部分的二分之一。本案中,周某、甲医院在签订合同时均应知悉甲医院为邢某所负债务提供担保的财产属依法不得抵押的财产,周某、甲医院对案涉《抵押合同》无效均存在过错,周某、甲医院应当根据其过错各自承担相应的民事责任。

裁判结论:(1)周某与甲医院签订的《抵押合同》无效;(2)甲医院承担邢某不能偿还债务部分三分之一的责任。

释法析理

《中华人民共和国民法典》第399条规定,禁止抵押的财产包括学校、幼儿园、医疗机构等为公益目的成立的非营利法人的教育设施、医疗卫生设施和其他公益设施。正确理解和准确适用民法典的规定,必须要厘清"为公益目的成立的非营利法人"的范围。首先,《中华人民共和国民法典》第87条规定,为公益目的或者其他非营利目的成立,不向出资人、设立人或者会员分配所取得利润的法人,为非营利法人。非营利法人包括事业单位、社会团体、基金会、社会服务机构等。其次,学校、医院、幼儿园等,承担的是教育、科技、文化、卫生等社会服务职能,应当认为具有公益性。因此,以学校、幼儿园、医疗机构等为公益目的成立的非营利法人的教育设施、医疗卫生设施和其他公益设施设定抵押的,应当认定该抵押无效。

相关法条

《中华人民共和国民法典》第三百九十九条 下列财产不得抵押:

(一)土地所有权;

(二)宅基地、自留地、自留山等集体所有土地的使用权,但是法律规定可以抵押的除外;

(三)学校、幼儿园、医疗机构等为公益目的成立的非营利法人的教育设施、医疗卫生设施和其他公益设施;

(四)所有权、使用权不明或者有争议的财产;

(五)依法被查封、扣押、监管的财产;

(六)法律、行政法规规定不得抵押的其他财产。

未签订书面抵押合同仅交付产权证明的，抵押权成立吗

(第 400 条)

基本案情

陈某与齐某经常存在经济往来，某次，齐某向陈某借款 690 万元并出具借据 1 份。借款时，齐某将其担任法定代表人的甲公司名下的一登记面积为 26682.10 平方米的土地的使用证交付给陈某用于借款抵押。后齐某未按期还本付息，陈某向法院提起诉讼。

问题描述

陈某与齐某约定，以齐某担任法定代表人的甲公司所有的某块土地的使用权作为抵押财产，为齐某向陈某所借的款项提供担保，但双方并未签订书面的抵押合同。这种情况下，甲公司与陈某是否存在抵押合同关系？

裁判情况

法院认为，设立抵押权，当事人应当采取书面形式订立抵押合同。本案中，虽然齐某与陈某发生借款关系时，时任甲公司法定代表人的齐某将公司名下的国有土地使用证交付给陈某，但双方之间并未按照前述法律规定订立书面抵押合同。

裁判结论：甲公司与陈某之间不存在抵押合同关系。

释法析理

抵押合同是一种典型的要式合同,即抵押合同的订立必须采用书面形式。《中华人民共和国民法典》第400条明确规定,设立抵押权,当事人应当采用书面形式订立抵押合同。当事人之间虽有设立抵押权的意思,但是未订立书面抵押合同的,抵押关系不成立。另外,虽然《中华人民共和国民法典》第490条第2款规定,"法律、行政法规规定或者当事人约定合同应当采用书面形式订立,当事人未采用书面形式但是一方已经履行主要义务,对方接受时,该合同成立",但交付土地使用权证并非抵押合同的主要义务,将土地使用权证交付给出借人的行为不能证明为案涉借款提供抵押。因此,陈某认为取得了对方交付的土地使用权证即对该土地及地上建筑物享有抵押权,并没有法律依据。

相关法条

1.《中华人民共和国民法典》第四百条 设立抵押权,当事人应当采用书面形式订立抵押合同。

抵押合同一般包括下列条款:
(一)被担保债权的种类和数额;
(二)债务人履行债务的期限;
(三)抵押财产的名称、数量等情况;
(四)担保的范围。

2.《中华人民共和国民法典》第四百九十条第二款 法律、行政法规规定或者当事人约定合同应当采用书面形式订立,当事人未采用书面形式但是一方已经履行主要义务,对方接受时,该合同成立。

可以约定债务到期，
不还款抵押物归债权人所有吗
（第 401 条）

基本案情

程某某与武某某签订《借款及出卖房屋协议书》，该协议书内容为："因甲方程某某急需用款，向乙方武某某借款壹拾叁万元（130000元整），借款的日期为一个月，如到期后还不上此款，甲方愿意把某县城关季庄大队8间平房一个整院产权归乙方所有，甲方无条件退出，乙方不再要壹拾叁万元借款。两方达成协议，此协议一式三份，双方各一份。"之后，贺某某（程某某之妻）与武某某补签了内容相同的协议书一份。某县某镇季庄村民委员会出具证明一份，内容为："鉴于程某某、贺某某夫妻二人由于债务纠纷，自愿将坐落在我村的房产（季庄大队8间平房一个整院）以抵债的方式抵给债权方武某某，村委会在双方同意的情况下，同意双方的借款及出卖房屋的协议书。特此证明。"借款到期后，武某某将协议中的房屋据为己有。程某某、贺某某将武某某诉至法院。

问题描述

本案的争议焦点是，出借人武某某与借款人程某某、贺某某在借款抵押过程中，就抵押物签订一个买卖合同，约定借款到期借款人不能清偿时，出借人直接依买卖合同取得抵押物的所有权是否有效的问题。

裁判情况

本案经一审、二审。一审法院经审理认为，抵押权人和抵押人在合同中不得约定在债务履行期届满抵押权人未受清偿时，抵押物的所有权转移为抵押权人所有；宅基地使用权禁止抵押。程某某、贺某某与武某某签订的协议中"如到期后还不上此款，甲方愿意把某县城关季庄大队8间平房一个整院产权归乙方所有，甲方无条件退出"的约定，违反了法律的强制性规定，应为无效。武某某主张上述条款不是抵押条款而是房屋买卖条款，法院认为，武某某的户籍性质为非农业家庭户，非农业家庭户禁止购买农村居民的私有房屋，据此，上述条款亦属无效。合同无效或者被撤销后，因该合同取得的财产，应当予以返还；有过错的一方应当赔偿对方因此所受到的损失。故程某某、贺某某要求确认双方签订的协议中涉及的抵房条款无效并要求武某某返还房屋的主张，法院予以支持。武某某应当将房屋返还程某某、贺某某，但应给武某某合理的腾退时间。程某某、贺某某因急事从武某某处借款，并自愿在借款无法偿还的情况下将房屋抵给武某某，现因房屋价值明显升高而要求返还房屋，程某某、贺某某的行为有违诚信，存在一定过错，其二人应当返还借款并赔偿武某某因此所受到的合理损失。

武某某不服一审法院民事判决，提起上诉。二审法院认为，程某某与武某某签订的《借款及出卖房屋协议书》及此后贺某某与武某某补签的协议书，主要内容是程某某向武某某借款13万元，如到期不能还款，程某某、贺某某所有的涉案房屋一个整院产权归武某某所有，该合同符合借款抵押合同的法律特征。现程某某、贺某某依该合同起诉要求确认其中将房屋抵押的条款无效并要求返还房屋，属于当事人在合同履行中产生的争议，因此本案应属抵押合同纠纷。

裁判结论：武某某上诉主张本案为买卖合同纠纷，没有法律依据，不予支持。判决驳回上诉，维持原判。

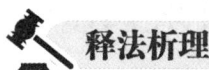 释法析理

我国采取的是严格的物权法定，如果当事人约定的物权内容不符合法律规定，将导致物权不能设立，不能产生物权效力的后果。法院作出上述判决的理由是原告、被告双方签订的抵押合同违反了法律规定，该抵押合同部分内容无效。抵押权人在债务履行期届满前，不得与抵押人约定债务人不履行到期债务时抵押财产归债权人所有。而本案原告、被告的约定违反了法律的规定，应为无效约定。债权人要实现担保债权，可以对设定的担保财产，以拍卖或者变卖的方式受偿。

相关法条

《中华人民共和国民法典》第四百零一条　抵押权人在债务履行期限届满前，与抵押人约定债务人不履行到期债务时抵押财产归债权人所有的，只能依法就抵押财产优先受偿。

抵押登记太麻烦，别人把房子抵押给我，我可以不去办抵押登记吗

（第 402 条）

基本案情

杜某找叶某帮忙以叶某的名义向某小额贷款公司借款 500 万元，华某愿把他名下的房产抵押给叶某作为担保。叶某与杜某、华某签订合约一份，约定：如杜某未按约还款，叶某必须归还某小额贷款公司借款，叶某可以处置华某的房产，变卖所得款归叶某偿还代借款项等。后叶某依约从某小额贷款公司借款 500 万元交于杜某，并按期向某小额贷款公司归还借款。但之后杜某却未按约向叶某还款，于是叶某向法院提起诉讼，诉讼过程中，华某以该抵押合同未办登记为由抗辩。

问题描述

以建筑物抵押的，当事人应当采用书面形式订立抵押合同，并应当办理抵押登记，抵押权自登记时设立。那么，当事人订立抵押合同后未办理登记的，能否对抵押的建筑物行使优先受偿权呢？

裁判情况

本案经一审、二审和再审。法院认为，叶某与华某之间成立非典型担保法律关系，但因未进行房产抵押登记，抵押权未生效。华某在案涉

房屋的变价款范围内向叶某承担责任，但叶某不享有优先受偿权，故华某在其所有房地产的变价款范围内，对杜某欠叶某的债务承担连带清偿责任。

裁判结论：以建筑物抵押的，应当办理抵押登记，抵押权自登记时设立。本案的合约并未登记，故抵押权未有效设立，叶某对建筑物不享有优先受偿权。当事人之间订立有关设立、变更、转让和消灭不动产物权的合同，除法律另有规定或者合同另有约定外，自合同成立时生效；未办理物权登记的，不影响合同效力，故本案合约应认定有效。因此，华某仍应在其所有的房地产变价款范围内承担连带清偿责任。

释法析理

我国法律确立了物权登记与物权合同效力的区分原则。以建筑物作为抵押财产设立担保的，应当办理抵押登记，否则抵押权不能设立。但由于不动产抵押合同的效力并不受未办理物权登记的影响，故不动产抵押合同仍然有效。债权人虽因不动产抵押未经登记不享有优先受偿权，但抵押人仍应以抵押物价值为限对债务承担连带清偿责任。

相关法条

《中华人民共和国民法典》第四百零二条 以本法第三百九十五条第一款第一项至第三项规定的财产或者第五项规定的正在建造的建筑物抵押的，应当办理抵押登记。抵押权自登记时设立。

车辆抵押未登记，能对抗善意第三人吗

（第 395 条、第 402 条、第 403 条）

基本案情

陈某经营着一家日用品商行，因为进货需要资金周转，他提出向朋友罗某短期借款 6 万元，一个月就归还。考虑到双方是朋友关系，且对方还开着一家商行，借款金额也不大，罗某就答应了。但稳妥起见，罗某还是要求陈某以他名下的小车为借款作抵押，并签订了《借款合同》。《借款合同》里约定陈某以他名下的粤 R73×××小车为这 6 万元借款作抵押。然而，借款到期后，陈某并未按期还款。罗某多次找陈某追索借款均未果，无奈之下，罗某起诉至法院要求陈某偿还 6 万元借款及利息，并请求其在 6 万元本息的范围内，对陈某名下粤 R73×××小车的价值享有优先受偿的权利。

问题描述

以车辆作为抵押物向他人提供担保的，是否需要进行抵押登记？未进行登记的情况下，抵押权人能够就该车辆行使优先受偿权吗？

裁判情况

法院认为，本案中被告陈某自愿以名下的牌号为粤 R73×××小车为

其向原告所借的 6 万元提供抵押，并在《借款合同》中对此予以明确约定，抵押权依法已经设立，故原告请求在其 6 万元借款本息范围内对被告牌号为粤 R73×××小车的价值享有优先受偿权，符合法律规定，但原告没有为该车的抵押办理抵押登记，依法不得对抗善意第三人。

裁判结论：陈某应归还罗某借款 6 万元及利息，罗某在 6 万元借款本息范围内，对陈某名下牌号为粤 R73×××小车的价值享有优先受偿权，但不得对抗善意第三人。

释法析理

民间借贷中以房产、车辆作抵押的现象较为普遍。然而，由于缺乏法律知识，部分社会公众并不清楚以房产抵押和以车辆抵押，抵押权设立的条件并不相同。清楚了解房产等不动产抵押权与车辆等动产抵押权设立的不同条件，对于债权人实现抵押权具有重要的意义。《中华人民共和国民法典》第 395 条第 1 款规定："债务人或者第三人有权处分的下列财产可以抵押：（一）建筑物和其他土地附着物；（二）建设用地使用权；（三）海域使用权；（四）生产设备、原材料、半成品、产品；（五）正在建造的建筑物、船舶、航空器；（六）交通运输工具；（七）法律、行政法规未禁止抵押的其他财产。"根据《中华人民共和国民法典》第 402 条、第 403 条的规定，对于上述第 1 项至第 3 项规定的财产或者第 5 项规定的正在建造的建筑物抵押的，应当办理抵押登记，抵押权自登记时设立。以房产抵押为例，若未办理抵押登记，抵押权人并不能够取得抵押权。而对于上述第 4 项、第 6 项规定的财产抵押的，抵押权自抵押合同生效时设立；未经登记，不得对抗善意第三人。以车辆抵押为例，即使未对抵押进行登记，债权人亦能取得抵押权，但是该抵押权不能对抗善意第三人，在抵押人将车辆转让给善意第三人的情况下，抵押权人并不能就此车辆实现自己的抵押权。

📖 相关法条

1. 《中华人民共和国民法典》第三百九十五条第一款　债务人或者第三人有权处分的下列财产可以抵押：

（一）建筑物和其他土地附着物；

（二）建设用地使用权；

（三）海域使用权；

（四）生产设备、原材料、半成品、产品；

（五）正在建造的建筑物、船舶、航空器；

（六）交通运输工具；

（七）法律、行政法规未禁止抵押的其他财产。

2. 《中华人民共和国民法典》第四百零二条　以本法第三百九十五条第一款第一项至第三项规定的财产或者第五项规定的正在建造的建筑物抵押的，应当办理抵押登记。抵押权自登记时设立。

3. 《中华人民共和国民法典》第四百零三条　以动产抵押的，抵押权自抵押合同生效时设立；未经登记，不得对抗善意第三人。

将已出租的房子办理"贷新还旧",原租赁关系受影响吗

(第 405 条)

基本案情

力欣公司因资金紧张,向齐鲁银行贷款 7000 万元,以其所有的一栋大楼作抵押,并到房管部门办理了抵押登记。力欣公司将该栋大楼整体出租给利群公司经营。此后,力欣公司与齐鲁银行再次签订 7000 万元的抵押借款合同,性质为"贷新还旧",随即办理了抵押权注销登记并在该房产上重新办理了抵押权登记。后因力欣公司逾期还款,齐鲁银行请求实现抵押权。大地公司在强制拍卖中竞得该处房产,随后通知利群公司搬出。利群公司予以拒绝,并称其租赁在先,银行抵押在后,租赁合同应继续履行。协商未果后,大地公司将利群公司诉至法院。

问题描述

本案的争议焦点是利群公司与力欣公司签订的租赁合同应否继续履行的问题,涉及"买卖不破租赁"原则的理解与适用。根据法律规定,订立抵押合同前抵押财产已出租的,原租赁关系不受该抵押权的影响;抵押权设立后抵押财产出租的,该租赁关系不得对抗已登记的抵押权。因此,本案审查的焦点实际上是抵押在先还是租赁在先的问题。

裁判情况

一审法院经审理认为,齐鲁银行与力欣公司第一次贷款与第二次贷款具有牵连性,且抵押物相同,抵押时间亦未中断,抵押权的效力应连续计算。齐鲁银行的抵押权第一次办理抵押登记时设立,先于利群公司的租赁行为。利群公司请求继续履行租赁合同无法律依据,对其主张不予采纳。故判决利群公司于判决生效后30天内搬出。利群公司对此不服,提起上诉。

二审法院经审理认为,齐鲁银行第一次向力欣公司贷款7000万元并作了抵押权登记,该笔债权所附的抵押权自办理抵押登记时设立。后齐鲁银行与力欣公司重新签订借款合同,以"贷新还旧"的方式归还了上一笔贷款,应认为原债权及其所附抵押权消灭,自第二次重新登记时起成立新的抵押权。该抵押权晚于利群公司的租赁行为,根据《中华人民共和国物权法》第190条的规定,利群公司上诉有理。

裁判结论:撤销原判,驳回大地公司的诉讼请求。

释法析理

当事人向银行贷款并作了抵押权登记,事后又将该抵押物租赁给他人,贷款到期后又以"贷新还旧"的方式归还了上一笔贷款,重新做了抵押权登记,至此应认为原债权及其所附抵押权消灭,自重新登记时起成立新的抵押权。而原租赁关系早于新的抵押权,订立抵押合同前抵押财产已出租的,原租赁关系不受该抵押权的影响。

相关法条

《中华人民共和国民法典》第四百零五条 抵押权设立前,抵押财产已经出租并转移占有的,原租赁关系不受该抵押权的影响。

别人把抵押给我的车再次抵押他人，车被卖掉以后钱先给谁

◆（第414条）◆

基本案情

张某为了购买汽车向某银行申请信用卡透支分期付款，透支金额702000元。张某与某银行签订《抵押合同》，约定张某以其所有的车牌号为浙A×××××揽胜运动小型越野客车为双方签订的《牡丹信用卡透支分期付款合同》项下的债权提供抵押担保，并办理了抵押登记。另外，张某还在此之前与某汽车销售服务公司签订《购车贷款服务协议书》，约定某汽车销售服务公司为张某的借款提供连带责任保证担保，某汽车销售服务公司为张某承担连带清偿责任后，有权向张某追偿。同时，该合同第4条约定，张某办理车辆抵押时，银行为第一抵押权人，某汽车销售服务公司为第二抵押权人。张某与某汽车销售服务公司亦进行了抵押登记。银行发放贷款后，张某未按期归还银行借款本息，导致某汽车销售服务公司作为连带责任保证人为其垫付424049.79元。后张某未及时归还某汽车销售公司代张某还给银行的相关款项，某汽车销售服务公司诉至法院。

问题描述

为担保债务的履行，债务人或者第三人可以在不转移财产的占有的

情况下，将该财产抵押给债权人，在债务人不履行到期债务或者发生当事人约定的实现抵押权的情形时，债权人有权就该财产优先受偿。由于抵押财产仍由债务人或第三人占有，因此可能发生债务人或第三人将同一财产为不同的债权人设定抵押的情况，那么，在债务人不能履行债务的情况下，拍卖、变卖该抵押财产所得的价款应当按照什么顺序向债权人清偿呢？

裁判情况

法院认为，张某所有的浙A×××××揽胜运动小型越野客车分别向某银行和某汽车销售服务公司设定抵押权，同一财产向两个以上债权人抵押的，拍卖、变卖抵押财产所得的价款在抵押权已登记的情况下，按照登记的先后顺序清偿。

裁判结论：因银行的抵押权登记在先，按照抵押权登记顺序先后，某汽车销售服务公司在某银行对车辆处置所得价款于抵押担保范围内优先受偿后，再享有优先受偿权。

释法析理

现实生活中，债务人可能将同一财产向多个债权人抵押，这时就会出现多个抵押权人对同一个抵押物行使抵押权的情形。对于汽车等动产来说，登记系抵押权设立的公示方法，未经登记的，不得对抗善意第三人，因此登记对于避免纠纷的发生、保障抵押权的实现具有非常重要的意义。《中华人民共和国民法典》第414条明确规定，同一财产向两个以上债权人抵押的，就拍卖、变卖抵押财产所得的价款，抵押权已经登记的先于未登记的受偿。但是，同一财产上设定的多个抵押权均进行了登记的，如何确定清偿顺序呢？《中华人民共和国民法典》第414条规定：

"同一财产向两个以上债权人抵押的,拍卖、变卖抵押财产所得的价款依照下列规定清偿:(一)抵押权已经登记的,按照登记的时间先后确定清偿顺序……"因此,公众应重视登记的公示意义,在接受抵押、成为抵押权人时,一定要及时登记以防范可能的风险。

相关法条

《中华人民共和国民法典》第四百一十四条 同一财产向两个以上债权人抵押的,拍卖、变卖抵押财产所得的价款依照下列规定清偿:

(一)抵押权已经登记的,按照登记的时间先后确定清偿顺序;

(二)抵押权已经登记的先于未登记的受偿;

(三)抵押权未登记的,按照债权比例清偿。

其他可以登记的担保物权,清偿顺序参照适用前款规定。

质押担保的主债权已超过诉讼时效，债权人的质权是否还受法律保护

（第 419 条、第 437 条）

基本案情

钟某某向夏某某、梁某某夫妻借款共计253100元，约定6个月结清。同时钟某某向夏某某、梁某某夫妻交付字画49幅，作为履行上述借款债务的担保。此后，钟某某分文未还，夏某某、梁某某也没有向其催收。直至9年后，钟某某主张夏某某、梁某某未在诉讼时效内行使债权，其借款债权已不受法律保护，从属于该借款债权的质押权自然不受法律保护，因此要求夏某某、梁某某返还质押物，即字画49幅，夏某某、梁某某不予返还，故双方发生纠纷，诉至法院。

问题描述

我国民法明确规定，在抵押担保中，抵押权人应当在主债务诉讼时效期间行使抵押权，未行使的，人民法院不予保护。本案的争议焦点是，质押权人是否应当在主债务诉讼时效期间内行使质押权，主债权超过诉讼时效，质权随之消灭。

裁判情况

本案经过一审、二审和再审。法院审理认为，虽然现行法律没有对

质权的行使期限作出明确规定，但根据相关法规的立法意图和价值取向来看，动产质权并不因质权人在主债权诉讼时效期间内未行使而不受法律保护。

裁判结论：钟某某以主债务已超过诉讼时效为由，要求夏某某、梁某某返还49幅质押字画的请求没有法律依据，不予支持。

释法析理

根据《中华人民共和国民法典》第419条，抵押权人应当在主债权诉讼时效期间行使抵押权；未行使的，人民法院不予保护。但对于质权人是否应当在主债权诉讼时效期间内行使抵押权，没有作出明确规定。同时，《中华人民共和国民法典》第437条规定："出质人可以请求质权人在债务履行期限届满后及时行使质权；质权人不行使的，出质人可以请求人民法院拍卖、变卖质押财产。出质人请求质权人及时行使质权，因质权人怠于行使权利造成出质人损害的，由质权人承担赔偿责任。"从整个担保物权的立法体系及意图中可以看出，对于不转移担保物占有的抵押权，规定由不占有担保物的抵押权人在主债权诉讼时效期间积极行使担保权利，受偿债权，使物的利用尽快趋于安全稳定；对于转移担保物占有的动产质权，则没有限定占有担保物的质权人行使质权的期限，而同样是规定由不占有担保物的出质人主动向债权人提出及时行使质权的请求。同时规定，在质权人怠于行使质权的情况下，出质人可以通过向人民法院请求拍卖、变卖质押财产，向质权人请求损害赔偿的方式进行救济。通过出质人积极主张权利和寻求救济，促使物权尽快消除担保负担，充分发挥物的效用。在这种制度安排下，动产质权并不因质权人在主债权诉讼时效期间内未行使而不受法律保护。同时，本案中，债务履行期届满后，债务人钟某某未清偿债务，质权人夏某某、梁某某因而一直占有质物,其自然地认为权利实现仍处于有保障的状态。这种认识符合一般人基于诚实信用对权利保护的认知,也符合《中华人民共和国民法典》第5条、第6条、第7条规定的从事民事活动应当遵循的自愿、公平、诚信原则。钟某某在案涉借款履行期限届满后既不履行债务,也不向债权人提出行使质权的请求,而在债务履行期届满9年后以债权人未及时行使质权为由,起诉要求无偿取回全部质押财产,不符合一般人对公平正义的价值判断,也有违法律规定的公平原则、诚信原则。

相关法条

1.《中华人民共和国民法典》第五条　民事主体从事民事活动,应当遵循自愿原则,按照自己的意思设立、变更、终止民事法律关系。

2.《中华人民共和国民法典》第六条　民事主体从事民事活动,应当遵循公平原则,合理确定各方的权利和义务。

3.《中华人民共和国民法典》第七条　民事主体从事民事活动,应当遵循诚信原则,秉持诚实,恪守承诺。

4.《中华人民共和国民法典》第四百一十九条　抵押权人应当在主债权诉讼时效期间行使抵押权;未行使的,人民法院不予保护。

5.《中华人民共和国民法典》第四百三十七条　出质人可以请求质权人在债务履行期限届满后及时行使质权;质权人不行使的,出质人可以请求人民法院拍卖、变卖质押财产。

出质人请求质权人及时行使质权,因质权人怠于行使权利造成出质人损害的,由质权人承担赔偿责任。

最高额抵押权设立前的债权可以转入最高额抵押担保的债权范围吗

◆（第 420 条）◆

基本案情

甲公司向某银行贷款 200 万美元，并以名下的厂房向某银行提供抵押担保。乙集团则向某银行出具《不可撤销担保书》，承诺就甲公司的该笔贷款承担连带清偿责任。后该笔贷款逾期未还。某银行与甲公司、乙集团、丙公司签订了《债务重组协议》，约定甲公司将抵押物转给丙公司，丙公司同意将抵押物作为债务重组的担保。随即，某银行又与丙公司签订《抵押协议》，进一步明确丙公司以涉案的厂房作抵押物为《债务重组协议》项下债权提供担保，并办理了抵押登记。《债务重组协议》期限届满后，该笔贷款依旧未获清偿。后根据国家相关政策的要求，某银行与某资产管理公司签订了《债权转让协议》，将该笔债权转让给了某资产管理公司，并分别向甲公司、乙集团发送了《债权转让通知》及《担保权利转让通知》。据此，某资产管理公司已成为该笔债权新的债权人。后甲公司、乙集团一直未向某资产管理公司履行还款义务。某资产管理公司向人民法院提起诉讼。诉讼过程中，丙公司抗辩其与某银行签订的《抵押协议》属于最高额抵押，该最高额抵押所对应的是特定期间所发生的债权，而本案所涉及的 200 万美元债权并不是在抵押协议约定的期间发生，丙公司不需要以抵押物清偿本案所涉及的债权。

问题描述

为担保债务的履行，债务人或者第三人对一定期间内将要连续发生的债权提供担保财产的，债务人不履行到期债务或者发生当事人约定的实现抵押权的情形，抵押权人有权在最高债权额限度内就该担保财产优先受偿。本案的争议焦点在于，最高额抵押担保的债权一般为将来要发生的债权，对于最高额抵押权设立前已经存在的债权，债权人是否可以要求行使抵押权就抵押财产优先受偿。

裁判情况

法院认为，本案中，《抵押协议》中约定担保的债权，系《抵押协议》签订前《债务重组协议》中确定的债权，《债务重组协议》及《抵押协议》亦均明确了该最高额抵押担保的债权就是各方之前存在的债权转入形成的，丙公司已在《债务重组协议》及《抵押协议》上盖章确认，表示其对该最高额抵押所担保的债权的形成及转入最高额抵押担保的范围是知悉且同意的。故应认定《债务重组协议》中所确定的债权就是最高额抵押所担保的债权。丙公司主张本案最高额抵押所担保的债权并非发生在抵押期间之内，其不应承担担保责任的理由不能成立。

裁判结论：最高额抵押权设立前已经存在的债权，经当事人同意，可以转入最高额抵押担保的债权范围。判决某资产管理公司有权对丙公司名下所有的厂房以折价或者以拍卖、变卖该财产的价款优先受偿。

释法析理

最高额抵押权作为一种特殊的抵押权，既具有抵押权的共性，又具有不同于普通抵押权的特性。最高额抵押权有两个显著特点：一是最高额抵押权所担保的债权额有一个确定的最高额度限制，但实际发生的债权额是不确定的;二是最高额抵押权是对一定期间内将要连续发生的债权提供担保。由此,最高额抵押权设立时所担保的具体债权一般尚未确定,但基于尊重当事人意思自治原则,《中华人民共和国民法典》第420条规定,最高额抵押权设立前已经存在的债权,经当事人同意,可以转入最高额抵押担保的债权范围。因此,当事人另行达成协议将最高额抵押权设立前已经存在的债权转入该最高额抵押担保的债权范围,只要转入的债权数额仍在该最高额抵押担保的最高债权额限度内,该最高额抵押权的效力就及于被转入的债权。

相关法条

《中华人民共和国民法典》第四百二十条 为担保债务的履行,债务人或者第三人对一定期间内将要连续发生的债权提供担保财产的,债务人不履行到期债务或者发生当事人约定的实现抵押权的情形,抵押权人有权在最高债权额限度内就该担保财产优先受偿。

最高额抵押权设立前已经存在的债权,经当事人同意,可以转入最高额抵押担保的债权范围。

担保时承诺债务人若不履行到期债务，债权人得以事先约定的价格向第三方转让质押股权的行为，是否有效
◆（第 428 条）◆

基本案情

朱某某与实业公司签订一份《融资借款协议》，约定：朱某某向实业公司出借 7000 万元，借款期限为一个月。同日，朱某某与实业公司又签订一份《股权质押合同》，约定若实业公司未在合同规定的借款期限全额偿还借款，或出现债权提前到期的情形，则无须另行书面授权，实业公司即不可撤销地授权朱某某将其持有的 32.1510% 的汽车公司股权（对应出资额 9785 万元）以 7000 万元的价格转让与第三方，转让价格优先偿还朱某某的借款债权。实业公司与朱某某就上述股权在登记机关办理了股权出质登记手续。次年，朱某某与第三方投资公司签署一份《关于指定受让实业公司持有汽车公司 32.1510% 股权备忘录》，约定朱某某将实业公司质押的汽车公司 32.1510% 的股权转让给投资公司，转让款支付给朱某某。因实业公司一直拒绝办理股权转让变更登记手续，故投资公司向法院提起诉讼。

问题描述

法律明确规定，"流质契约"不产生法律效力，即质权人在债务履行

期届满前，与出质人约定债务人不履行到期债务时质押财产归债权人所有的，该约定无效。但是本案中产生的争议焦点是，在债务履行期届满前，双方约定债务人不履行到期债务时，债权人能够以事先约定的价格向他人转让质押股权的协议，是否有效。

裁判情况

本案经过一审、二审。法院审理认为，据协议相关条款内容来看，朱某某和实业公司约定，在实业公司未能及时清偿债务时，朱某某有权要求实业公司将其持有的汽车公司32.1510%股权以7000万元价格转让给朱某某指定的任意第三人。其实质为在实业公司不能如约偿还朱某某借款时，朱某某可将实业公司质押的股权以事先约定的固定价格转让给第三方以清偿实业公司所负债务，即在履行期限届满前已约定由质权人朱某某以固定价款处分质物，相当于未届清偿期即已固定了对质物的处分方式和处分价格，显然与法律规定的质权实现方式不符。此种事先约定质物的归属和价款之情形实质上违反了禁止流质的强制性规定，故该约定条款应属无效。

裁判结论：投资公司的诉请没有法律依据，不予支持。

释法析理

"流质契约"，即在设立担保物权时，双方约定当债务人不履行债务时，由债权人取得担保物所有权的协议。该协议因不利于双方当事人利益的实现和平衡，而被各国普遍禁止。《中华人民共和国民法典》第428条规定，质权人在债务履行期限届满前，与出质人约定债务人不履行到期债务时质押财产归债权人所有的，只能依法就质押财产优先受偿，便是对"流质契约"效力的否定。本案中，实业公司以其所有的汽车公司股份向朱某某质押担保借款，并在借款时约定若不能如约清偿债务，朱某某有权以 7000 万元的价格向任意第三人转让质押股权，即在借款到期前，事先将质押物的处分方式和处分价格予以明确，违反我国禁止流质的法律规定，应当无效。

相关法条

《中华人民共和国民法典》第四百二十八条 质权人在债务履行期限届满前，与出质人约定债务人不履行到期债务时质押财产归债权人所有的，只能依法就质押财产优先受偿。

质权人未经出质人同意擅自使用质押车辆是否需要赔偿

◆（第 431 条）◆

基本案情

王某某向钢铁厂借款 7 万元，并同意用自己所有的雪铁龙汽车为该笔借款质押担保。王某某将雪铁龙汽车及车辆行驶证、车辆登记证、购车发票、车钥匙一并交给钢铁厂。之后王某某又向钢铁厂借款 21680 元，两笔借款共计 91680 元。此后，钢铁厂使用了雪铁龙汽车，并在使用期间发生两次碰撞事故，赔偿款已由保险公司理赔，此外钢铁厂曾在车身上粘贴或喷涂广告。后王某某还款 91680 元，但钢铁厂未归还雪铁龙汽车，因此王某某将钢铁厂诉至法院，要求钢铁厂返还雪铁龙汽车，并对擅自使用车辆产生的车辆使用费进行赔偿。

问题描述

根据动产质押规则，质权人在出质期间依法占有质押物，但质权人在出质期间对质押物进行使用、处分是需要取得出质人同意的。本案中，质权人对其依法占有的质押物进行使用、处分是否需要承担相应民事责任，是产生纠纷的问题所在。

裁判情况

本案经过一审、二审。法院审理认为，王某某向钢铁厂借款，为担保主债务的履行而将雪铁龙汽车出质并交付给钢铁厂占有，双方当事人之间就质押车辆存在质押担保法律关系。现王某某已履行了其对钢铁厂负有的还款义务，钢铁厂对质押车辆享有的质权已消灭，应将质押车辆（包括车辆行驶证、车辆登记证、购车发票）返还给王某某，返还时应将车身上的有关广告的印迹予以清除。同时，涉案借条仅记载汽车质押的内容，并未写明钢铁厂可否使用该汽车，且质押期间钢铁厂在质押车辆车身上进行广告宣传，据此认定钢铁厂未经出质人许可使用涉案雪铁龙汽车，应当向王某某赔偿损失25000元。

裁判结论：钢铁厂返还王某某雪铁龙汽车，并赔偿王某某损失25000元。

释法析理

本案中，王某某和钢铁厂之间成立借款及质押担保的民事法律关系，王某某在履行了还款义务后，钢铁厂对王某某的借款债权已经消灭，该借款债权下的质押权也当然消灭，因此钢铁厂应当返还质押车辆。此外，根据《中华人民共和国民法典》第431条规定，质权人在质权存续期间，未经出质人同意，擅自使用、处分质押财产，造成出质人损害的，应当承担赔偿责任。王某某将涉案车辆出质给钢铁厂时未明确同意钢铁厂有权对涉案车辆进行使用、处分，同时钢铁厂也无法举证王某某对上述事项作出同意的意思表示，因此法院认定钢铁厂系未经出质人同意擅自使用质押财产，应当对造成的损害进行赔偿。

相关法条

《中华人民共和国民法典》第四百三十一条 质权人在质权存续期间,未经出质人同意,擅自使用、处分质押财产,造成出质人损害的,应当承担赔偿责任。

因债务人未归还借款,债权人擅自处分质押物需要承担相应责任吗

(第 432 条)

基本案情

李某某向章某某借款29万元,为担保债务履行,李某某将其所有的挖机交由章某某占有,二人签订协议一份,协议载明"本人李某某有壹台日立挖机,抵押金额贰拾玖万元整,抵章某某"。此后该挖机一直由章某某占有。9个月后,章某某通过短信向李某某催讨借款并告知挖机出卖的事宜。随后,章某某与第三人严某某签订挖机转卖协议,约定将该挖机以23万元价格出售给严某某。次日,李某某与章某某就双方借款及挖机出卖事宜通过短信进行了沟通。事后,李某某认为章某某擅自以低价转卖了挖机,且挖机经多次转卖,现已下落不明,章某某行为侵犯李某某对挖机的合法权益,故诉至法院。

问题描述

生活中,借款人为了保证自己对债务的履行,会将其所有的动产出质给债权人占有,当债务人不履行到期债务时,债权人有权就该动产优先受偿。本案的争议焦点在于,当债务人不履行还款义务时,质权人能否擅自变卖质押物来实现质押权。

裁判情况

本案经过一审、二审。法院审理认为，章某某向李某某催讨借款并告知挖机出售的情况时，李某某并未明确同意章某某以23万元的价格予以处置。章某某作为质权人擅自将质押挖机转卖给他人，且导致挖机目前下落不明，应当承担赔偿责任。

裁判结论：章某某赔偿李某某挖机损失29万元。

释法析理

本案中，李某某因欠章某某借款，将涉案挖机质押给章某某，质权自李某某向章某某交付挖机时设立。在李某某无法归还借款时，章某某曾通过短信通知李某某要将挖机出卖，但李某某未同意章某某出卖挖机。根据《中华人民共和国民法典》第432条的规定，质权人负有妥善保管质押财产的义务，因保管不善致使质押财产毁损、灭失的，应当承担赔偿责任。章某某作为质权人，对质押的挖机负有妥善保管的义务。因此，章某某擅自将质押的挖机转卖给他人，且导致挖机目前下落不明，应当承担赔偿责任。

相关法条

《中华人民共和国民法典》第四百三十二条　质权人负有妥善保管质押财产的义务；因保管不善致使质押财产毁损、灭失的，应当承担赔偿责任。

质权人的行为可能使质押财产毁损、灭失的，出质人可以请求质权人将质押财产提存，或者请求提前清偿债务并返还质押财产。

我质押给别人的车，未经我允许又质押给第三人，发生损坏后我该怎么办

（第 434 条）

基本案情

王某某向范某某借款3万元并出具借条，同时王某某将其所有的鲁N××××奇瑞牌小型轿车质押给范某某，后范某某实际向王某某交付2.7万元（预先扣除2个月借款利息3000元）。因王某某所借款项实际系范某某从马某某处支取，范某某将王某某借条交付马某某，并将王某某车辆转质给马某某，但王某某对此并不知情。后王某某以转账汇款形式向范某某偿还了3万元借款，但范某某并未将王某某质押的车辆返还王某某。在范某某将鲁N××××奇瑞牌小型轿车转质给马某某期间，马某某驾驶该车辆与赵某某驾驶的鲁N××××长安牌小型客车相刮碰，造成车辆损坏，经市公安局交通警察支队认定，马某某负事故主要责任。事故发生后，经某机动车鉴定评估有限公司评估，证明因马某某未妥善保管该车辆发生交通事故，造成该车辆贬值30400元，该车辆现值为33300元。王某某以范某某为被告向法院提起诉讼，认为范某某及马某某的行为给王某某造成了重大经济损失，请求判令范某某赔偿车辆损失30400元及评估费用600元，并承担本案诉讼费。

问题描述

本案系因转质导致质押财产损毁,在质权存续期间,范某某未经王某某同意,即将王某某质押给范某某的车辆转质给马某某。现在因为马某某的行为导致质押财产受损,应该由谁来赔偿?

裁判情况

法院经审理认为,范某某在质权存续期间,未经出质人王某某同意,擅自将王某某质押的车辆转质,造成质押财产毁损,应当向王某某承担赔偿责任。经机动车鉴定评估有限公司评估,因马某某未妥善保管涉案车辆发生交通事故,造成该车辆贬值30400元。现王某某要求范某某赔偿该损失,事实清楚,证据充分,法院依法予以支持。王某某支出的评估费600元,系王某某为查明和确定涉案标的的损失所支付的必要的、合理的费用,范某某应予赔偿。

裁判结论:被告范某某赔偿王某某车辆损失30400元、评估费600元,两项共计31000元。

释法析理

为担保债务的履行,债务人可以将其动产出质给债权人占有,债务人不履行到期债务或者发生当事人约定的实现质权的情形时,债权人有权就该动产优先受偿。此时,出质动产的债务人称为出质人,相应的债权人称为质权人。转质,是指质权人在质权存续期间,为担保自己的债务,以其所占有的质物,为第三人设定质权的行为。但是,根据《中华人民共和国民法典》第434条,质权人未经出质人同意转质,造成质押财产毁损、灭失的,应当承担赔偿责任。本案中,王某某作为小型轿车的所有权人,有权设立质权将该车辆质押给范某某,范某某作为质权人行使权利亦不得损害所有权人王某某的权益。应当注意的是，虽然出质车辆的实际损失系由马某某造成，但是马某某并非该质押法律关系的当事人，不能直接向王某某承担赔偿责任，范某某向王某某赔偿车辆损失后，可就该部分损失金额另行向马某某追偿。

相关法条

《中华人民共和国民法典》第四百三十四条　质权人在质权存续期间，未经出质人同意转质，造成质押财产毁损、灭失的，应当承担赔偿责任。

已经向银行归还了贷款，但第三方担保公司不返还贷款保证金怎么办

◆（第 436 条）◆

基本案情

贸易公司与银行签订了一份《流动资金借款合同》，借款金额人民币 500 万元，该笔借款由第三方担保公司提供担保，为此，贸易公司与担保公司签订了《委托担保合同》，由担保公司与银行签订《保证合同》。根据贸易公司和担保公司之间签订的《委托担保合同》，担保公司为贸易公司向银行的借款提供担保，贸易公司需向担保公司交存保证金作为质押，贸易公司清偿借款本息后，由担保公司退还保证金。合同签订当日，贸易公司向担保公司账户内汇入保证金 25 万元。借款合同期满后，贸易公司已向银行归还上述借款的借款本息，担保公司未退还保证金 25 万元。为此，贸易公司向法院提起诉讼，要求担保公司返还保证金。

问题描述

企业向银行借款时，银行为了降低风险，有时会要求借款人提供第三方担保。因此，一些企业贷款时会向第三方担保公司支付一定的服务费及保证金，由第三方担保公司为企业的借款向银行提供担保，以通过银行的贷款审批。本案的争议焦点在于，借款人向第三方担保公司支付的保证金在法律上属于什么性质，若第三方担保公司拒不返还保证金，能否寻求司法救济。

裁判情况

法院审理认为，金钱以特户、封金、保证金等形式特定化后，可以作为动产质押，贸易公司向担保公司支付的 25 万元视为质押物。贸易公司已清偿担保公司为其担保的借款本息，担保公司的担保责任随即解除，担保公司应按约定及法律规定及时返还质物，即原告所有的保证金 25 万元。

裁判结论：担保公司向贸易公司返还保证金 25 万元。

释法析理

本案中，贸易公司与担保公司之间签订的《委托担保合同》系双方当事人的真实意思表示，未违反法律、行政法规的强制性规定，应确认合法有效。双方在《委托担保合同》中约定，贸易公司向担保公司交存保证金作为质押，同时贸易公司交存的保证金已移交担保公司占有，并以存于担保公司的保证金专户的形式特定化，可以认定贸易公司以保证金 25 万元出质。贸易公司向银行偿还借款本金及利息后，担保公司对银行的担保责任随即消灭，根据双方合同约定及《中华人民共和国民法典》第 436 条的规定，担保公司应当返还质押财产，即保证金 25 万元。

相关法条

《中华人民共和国民法典》第四百三十六条　债务人履行债务或者出质人提前清偿所担保的债权的，质权人应当返还质押财产。

债务人不履行到期债务或者发生当事人约定的实现质权的情形，质权人可以与出质人协议以质押财产折价，也可以就拍卖、变卖质押财产所得的价款优先受偿。

质押财产折价或者变卖的，应当参照市场价格。

劳动者能否以用人单位拖欠劳动报酬为由对单位财产行使留置权

◆(第 447 条、第 448 条)◆

基本案情

捷达苏B×××××轿车登记在长三角公司名下,卢某云原系长三角公司副总经理,长三角公司购买该车后即交付卢某云使用。某日,长三角公司向卢某云送达《关于卢某云同志旷工和挪/占用公司财产处罚通告》,载明卢某云"连续旷工 13 日,我公司多次通知仍拒不去集团物流园报到,也不来交易所,并挪用和拒还公司小车(捷达苏B×××××),其行为违反了我司《员工手册》关于旷工和挪用公司财物的规定,属于严重的违纪行为,从即日起给予辞退处理"等内容。卢某云认为长三角公司解除劳动关系违法,应向其支付拖欠的工资、社保金及经济补偿金,且占有的车辆与债权同属劳动关系,可以对苏B×××××轿车行使留置权,直至长三角公司付清相关费用,拒绝向长三角公司返还苏B×××××轿车。据此,长三角公司诉至法院。

问题描述

本案的争议焦点是,卢某云是否可以就其劳动债权对长三角公司的苏B×××××轿车行使留置权。

裁判情况

本案经一审、二审。二审法院认为，留置权是平等主体之间实现债权的担保方式；除企业之间留置的以外，债权人留置的动产，应当与债权属于同一法律关系。劳动关系主体双方在履行劳动合同过程中处于管理与被管理的不平等关系。劳动者以用人单位拖欠劳动报酬为由，主张对用人单位供其使用的工具、物品等动产行使留置权，因此类动产不是劳动合同关系的标的物，与劳动债权不属于同一法律关系，故该主张与法律规定相悖。

裁判结论：卢某云向长三角公司返还苏B×××××轿车。

释法析理

留置权是平等主体间实现债权的一种方式，其平等性表现在债权人可通过留置债务人的动产对抗债务人，督促其履行债务，并可通过对留置物进行变卖并优先受偿来保护债权。而劳动关系一方为用人单位，另一方为劳动者，与一般的民事关系相比，双方在履行劳动合同过程中处于管理和被管理的不平等关系，劳动者不能基于劳动管理关系而对所占有的用人单位的财产适用留置，否则将导致劳动管理秩序的混乱。我国的劳动法及劳动合同法已经对劳动者的合法权利设置了倾斜性保护条款，劳动者完全可以通过法定的正当途径保护自己的劳动债权，如再使用私力救济方式保护劳动债权，不仅影响劳动生产和管理秩序，还将造成债权债务保护的不公平性。另外，由于留置权具有优先受偿性，不仅优于一般债权人，还优先于享有抵押权、质押权人的其他债权人，而劳资纠纷产生于用人单位与劳动者之间，本质上系经济组织的内部纠纷，从用人单位与劳动者共担经营风险的角度而言，也不应通过行使留置权而优先于外部债权人受偿。因此，基于劳动关系产生的债权不能行使留置权。

相关法条

1.《中华人民共和国民法典》第四百四十七条 债务人不履行到期债务,债权人可以留置已经合法占有的债务人的动产,并有权就该动产优先受偿。

前款规定的债权人为留置权人,占有的动产为留置财产。

2.《中华人民共和国民法典》第四百四十八条 债权人留置的动产,应当与债权属于同一法律关系,但是企业之间留置的除外。

留置财产的价值大于债务的该如何处置

（第447条、第448条、第450条）

基本案情

济宁某服装有限公司（乙方）与袁某某（甲方）签订《委托加工合同》，加工定作成品衣，合同约定双面绒睡裤5000件，单价1.3元，乙方负责车缝、成品检验及缝纫线，来回运费甲方负责，因产品质量问题造成返修而产生的运费由乙方负责；出货数量以实际收货数量结算，对账30天付清；乙方不按期交货而造成的全部经济损失由乙方赔偿，因甲方原因造成的交期拖延，乙方不承担责任，合同交期相应顺延，但最终交期以双方的补充协议为准。同日，济宁某服装有限公司将代加工的辅料发货给袁某某，袁某某加工完睡裤后未交付，济宁某服装有限公司亦未支付该批睡裤的加工费。济宁某服装有限公司将袁某某诉至法院，要求赔偿经济损失。

问题描述

本案的争议焦点是，袁某某是否享有加工成品的留置权，留置的财产价值远远大于欠付加工费的数额如何处理。

裁判情况

本案经一审、二审。法院认为，济宁某服装有限公司与袁某某存在承揽合同关系，济宁某服装有限公司欠付到期加工费，袁某某依法享有留置权。但袁某某留置的财产价值远远大于欠付加工费的数额，留置行为不当，存在过错。

裁判结论：袁某某应当按照其过错程度，对于济宁某服装有限公司的损失予以赔偿。

释法析理

《中华人民共和国民法典》第447条规定："债务人不履行到期债务，债权人可以留置已经合法占有的债务人的动产，并有权就该动产优先受偿。前款规定的债权人为留置权人，占有的动产为留置财产。"第448条规定："债权人留置的动产，应当与债权属于同一法律关系，但是企业之间留置的除外。"原告、被告双方存在加工合同关系，原告认可因双方的交易行为欠付被告加工费的事实，被告享有的债权与留置的加工成衣系基于同一加工合同的法律关系，故被告依法享有留置权。《中华人民共和国民法典》第450规定："留置财产为可分物的，留置财产的价值应当相当于债务的金额。"加工完成的睡裤作为可分物有其成品后的价值，被告认可留置了4626套睡裤，因成品衣物的价值远大于加工费，故其留置财产的价值超过了其享有的债权金额，被告留置的财产过度超出债权金额，构成不当行使留置权。

相关法条

1.《中华人民共和国民法典》第四百四十七条　债务人不履行到期债务，债权人可以留置已经合法占有的债务人的动产，并有权就该动产优先受偿。

前款规定的债权人为留置权人，占有的动产为留置财产。

2.《中华人民共和国民法典》第四百四十八条 债权人留置的动产，应当与债权属于同一法律关系，但是企业之间留置的除外。

3.《中华人民共和国民法典》第四百五十条 留置财产为可分物的，留置财产的价值应当相当于债务的金额。

不交汽车修理费，汽车不让开走，丢失了谁赔

◆（第 451 条）◆

基本案情

李某双所有的冀F×××××轿车到百业汽修厂进行维修，因需要更换配件，李某双即把车停放在百业汽修厂院内。数日后，百业汽修厂把车修好后，通知李某双来提车，因李某双未带修理费，提车未果。之后，百业汽修厂通知李某双车辆丢失，并向公安局报警，至今未能破案。李某双遂诉至法院，要求百业汽修厂依法返还冀F×××××轿车一辆（或赔偿车辆损失5万元）。

问题描述

本案的争议焦点是，汽车在百业汽修厂留置保管期间被盗的责任谁来承担。

裁判情况

法院审理认为，李某双将其所有的冀F×××××轿车交付百业汽修厂进行修理，承揽合同关系成立。在修理期间，百业汽修厂因保管不善，造成李某双的车辆丢失，百业汽修厂应承担赔偿责任。对李某双要求百业汽修厂依法返还冀F×××××轿车一辆或赔偿车辆损失5万元的主

张,予以支持。

裁判结论:百业汽修厂于判决生效后7日内返还原告李某双冀F×××××轿车一辆或赔偿车辆损失5万元。

释法析理

根据《中华人民共和国民法典》第783条规定,定作人未向承揽人支付报酬或者材料费等价款的,承揽人对完成的工作成果享有留置权或者有权拒绝交付,但当事人另有约定的除外。本案中李某双应当提车当日支付修理费,因李某双未支付修理费用,百业汽修厂依法对冀F×××××轿车享有留置权或拒绝交付的权利。此外,根据《中华人民共和国民法典》第451条规定,留置权人负有妥善保管留置财产的义务;因保管不善致使留置财产毁损、灭失的,应当承担赔偿责任。本案中,百业汽修厂作为留置权人,负有妥善保管留置财产的义务;汽车在百业汽修厂保管期间丢失,百业汽修厂应承担相应赔偿责任。因此,百业汽修厂应返还李某双冀F×××××轿车一辆或赔偿车辆损失5万元。

相关法条

《中华人民共和国民法典》第四百五十一条 留置权人负有妥善保管留置财产的义务;因保管不善致使留置财产毁损、灭失的,应当承担赔偿责任。

汽车上先设定抵押权后成立留置权的，留置权人优先受偿吗

◆（第 456 条）◆

📄 基本案情

管某某因购买浙 A×××××汽车向通用公司贷款，并以所购车辆办理了抵押登记。某日，管某某驾驶该车发生交通事故，造成车辆损失。管某某委托金程公司对该汽车进行修理。车辆维修结束后，管某某一直未支付维修费，也未取走车辆。后因管某某未履行汽车贷款还款义务，通用公司向法院起诉要求管某某还款，后法院判决管某某归还借款并支付利息，判决书同时注明："若被告管某某届期不履行还款义务，通用公司对车牌号为浙 A×××××的汽车在协议折价、申请拍卖、变卖中所得转让款有优先受偿的权利。"因管某某等人在该判决生效后均未履行付款义务，通用公司在未征得金程公司同意的情况下，将浙 A×××××汽车从金程公司处取走，并停放于通用公司处。后通用公司将该车变卖，汽车的所有人由管某某变更为董某某。为此，金程公司将管某某、通用公司诉至法院。

🔍 问题描述

本案的争议焦点是，管某某先向通用公司贷款，并以所购车辆办理了抵押登记，后因一直未支付维修费，也未取走车辆而被金程公司留置，先设定抵押权后成立留置权，效力何者优先。

裁判情况

被告管某某给付原告金程公司修理费 4 万元。此款由该被告于判决生效之日起 10 日内付清。被告通用公司对被告管某某应支付修理费 4 万元中不能清偿部分承担赔偿责任；被告通用公司在承担赔偿责任后，有权向被告管某某追偿。

释法析理

本案中，虽然通用公司对管某某的车辆享有抵押权，但根据《中华人民共和国民法典》第 456 条规定，同一动产上已经设立抵押权或者质权，该动产又被留置的，留置权人优先受偿。通用公司未经金程公司同意擅自提走车辆，在主观上明显具有过错，且直接导致了金程公司留置权的灭失，因此，通用公司应当对金程公司的损失承担相应责任。后通用公司的债权通过变卖车辆已得到清偿，致使金程公司的债权丧失了应有的救济途径，通用公司的行为构成了对金程公司债权优先受偿权的侵犯。因此，通用公司在管某某不能清偿的范围内对金程公司承担补充赔偿责任。

相关法条

《中华人民共和国民法典》第四百五十六条　同一动产上已经设立抵押权或者质权，该动产又被留置的，留置权人优先受偿。

不是房产证登记的所有权人，能否合法占用房屋

（第 235 条、第 240 条、第 458 条）

基本案情

刘某某是电建公司职工，电建公司通过房改打算把坐落于武汉市某街的一处公房出售给刘某某，并要求刘某某支付 2 万元预付款。因刘某某无力支付该款，刘某某的亲戚杨某某就在刘某某的陪同下，以刘某某的名义向电建公司支付了该 2 万元预付款，电建公司向刘某某出具了收据，该收据原件一直由杨某某保存。当时，电建公司经核算该房屋的标准价为 16419.92 元，购买 70% 的产权。该房屋交付后即由杨某某占有，杨某某于同年进行了装修，并一直占有、使用至今，其间曾多次将房屋出租他人以获取租金收益。之后，电建公司将上述房改房由标准价过渡到成本价，经核算此房屋成本价为 24723.71 元，刘某某在未告知杨某某的情况下向电建公司支付购房款 24723.71 元。电建公司为上述房屋办理了两证，登记所有权人为刘某某，个人产权比例占 100%。但此前及之后，该房屋仍一直由杨某某占有使用，且该房屋的水费、电费、天然气等费用均由杨某某缴纳。后刘某某要求杨某某退出房屋，但杨某某拒不退还。故刘某某诉至法院，请求依法判令杨某某将房屋腾退。

问题描述

基于合同关系等产生的占有，有关不动产或者动产的使用、收益、违约责任等，按照合同约定。也就是说非登记权利人可以基于合同关系等占有房屋，这样的占有是"有权占有"。本案中，刘某某取得购房资格，但无力支付预付款，由杨某某在刘某某陪同下支付了该款。这是否意味着双方成立"由杨某某代刘某某付款，刘某某将房屋的使用权移转给杨某某"的合同关系，杨某某依据这种合同关系取得了对该房屋的合法占有呢？本案的争议焦点是，不是房产证登记的所有权人，在什么情况下能合法占用房屋。

裁判情况

本案经过一审、二审和再审。再审法院认为，诉争房屋系单位福利分房，即由电建公司分配给其职工刘某某的福利房，电建公司为刘某某办理了房屋两证，登记所有权人为刘某某，刘某某对该房屋享有物权，其合法权益受法律保护。杨某某不是电建公司职工，不享有向电建公司购买职工福利分房资格，不可能从电建公司购买涉案房屋，无论是否向电建公司交付过2万元，电建公司都只能向刘某某出售涉案房屋，刘某某是涉案房屋的实际购买人。杨某某认为刘某某购房时2万元系她所出，涉案房屋已由刘某某出售给她，但未提供与刘某某订立的房屋买卖合同，也没有提供为刘某某购房出资2万元时，刘某某愿意将所购涉案房屋出售给她的证据，以及刘某某向她出售房屋的行为是否已经征得房改房另一部分权利人电建公司同意的相关依据。故杨某某认为有出资2万元收据可证明与刘某某之间有房屋买卖关系的理由，缺乏事实依据，不能成立。杨某某占用刘某某享有物权的房屋，没有提供刘某某与杨某某之间存在租赁关系、借用关系，或其他经刘某某同意的合法占用关系的相关依据，不能证明杨某某对涉案房屋的占用为合法占用。

裁判结论：杨某某无法律依据占有刘某某享有物权的房屋，应当向刘某某腾退归还房屋。

释法析理

占有可以分为有权占有和无权占有。《中华人民共和国民法典》第240条规定："所有权人对自己的不动产或者动产，依法享有占有、使用、收益和处分的权利。"因此，所有权人对于自己的不动产或者动产当然享有占有的权利，这就是"有权占有"。《中华人民共和国民法典》第458条规定："基于合同关系等产生的占有，有关不动产或者动产的使用、收益、违约责任等，按照合同约定；合同没有约定或者约定不明确的，依照有关法律规定。"这就是说，当占有人不是所有权人时，如果占有人与所有权人之间因合同关系而被赋予了占有权，则也是"有权占有"。在这种合法占有他人物的情况下，所有权人想要回自己被占有的物，就得按照合同的约定来处理。而在没有合法依据占有他人物，即"无权占有"的情况下，根据《中华人民共和国民法典》第235条规定，"无权占有不动产或者动产的，权利人可以请求返还原物"，所有权人可以随时主张返还占有物。所以，要想证明自己是合法占用他人的房产，就要证明与所有权人之间存在合同关系，就得提供双方之间存在租赁关系、借用关系，或其他经所有权人同意的合法占用关系的相关依据。

相关法条

1.《中华人民共和国民法典》第二百三十五条　无权占有不动产或者动产的，权利人可以请求返还原物。

2.《中华人民共和国民法典》第二百四十条 所有权人对自己的不动产或者动产,依法享有占有、使用、收益和处分的权利。

3.《中华人民共和国民法典》第四百五十八条 基于合同关系等产生的占有,有关不动产或者动产的使用、收益、违约责任等,按照合同约定;合同没有约定或者约定不明确的,依照有关法律规定。

开发商将约定归原土地所有方的房屋出售给他人，原土地所有方是否有权占有该房屋

（第 221 条、第 458 条、第 459 条、第 462 条）

基本案情

大地公司以出让方式取得坐落于某县某地块的建设用地使用权，用于开发建设某小区，并在某县住房和城乡建设局批准预售许可证，该商品房的规划用途为住宅。大地公司开发建设某小区的土地原系红旗村民组所有，红旗村民组（甲方）与大地公司（乙方）曾就上述土地签订《新型农村开发建设工程合作协议》，约定"小区竣工后，乙方无偿交付给甲方临街楼盘二层单元房24套，每套120平方米；除交付给甲方外，所有剩余的单元楼归乙方所有，由乙方自行销售"。后白某某从大地公司购买该小区临街二层5201号房屋（系属甲乙双方签订合作协议的24套单元房之一），双方签订商品房买卖合同（预售），白某某支付房款275258元，并经某县房产管理所进行备案，大地公司依约向白某某交付了房屋。红旗村民组认为大地公司得到了建造落成的某小区全部利益，又把本属于红旗村民组的单元房另出售于他人，故委托开锁人苏某某、卖锁人张某某对包括本案争议房屋的24套房屋开启并更换了锁芯，由该组村民分别入住。后白某某诉至法院要求红旗村民组立即停止侵权，腾出房屋并赔偿损失。

问题描述

大地公司违背合作协议的相关约定,把约定属于红旗村民组的房产另售他人。白某某合法购买了房屋,并办理了商品房预售合同登记,也即办理了预告登记。民法典规定,预告登记具有对抗第三人的效力。因此,本案的争议焦点是,开发商将约定归原土地所有方的房屋出售给他人,原土地所有方是否有权占有该房屋。

裁判情况

本案经一审、二审。二审法院认为,白某某与大地公司签订商品房买卖合同(预售),并在某县房产管理所登记备案。商品房预售合同登记性质属于预告登记,而预告登记的目的在于使已经成立并生效的请求权具有对抗第三人的效力。白某某与开发商大地公司签订商品房买卖合同(预售),是双方的真实意思表示,且不违反法律、行政法规的强制性规定,白某某支付该小区二层5201号房屋的房款后,双方形成房屋买卖合同关系。该房屋由相关部门登记备案并经开发商向白某某交付钥匙后,白某某即享有对该房屋的合法占有。红旗村民组在白某某合法占有该房屋后,对争议的房屋开启、更换门锁,但并不享有对房屋占有、处分的权利,属无权占有。

裁判结论:白某某享有对房屋的合法占有,红旗村民组应腾出房屋并返还给白某某。

释法析理

公民的合法权益受法律保护,任何组织和个人不得侵犯。《中华人民共和国民法典》第221条第1款规定:"当事人签订买卖房屋的协议或者签订其他不动产物权的协议,为保障将来实现物权,按照约定可以向登记机构申请预告登记。预告登记后，未经预告登记的权利人同意，处分该不动产的，不发生物权效力。"可见，预告登记是为了保护所登记的请求权，限制房地产开发商等债务人处分其权利，以保障债权人将来实现其债权。这些处分行为既包括一房二卖，也包括在已出售的房屋上设定抵押权等行为。这样，购房者将来肯定能够获得约定买卖的房屋。因此，购房人在合法购房并办理预告登记后，即享有对房屋的合法占有权。

《中华人民共和国民法典》第459条规定："占有人因使用占有的不动产或者动产，致使该不动产或者动产受到损害的，恶意占有人应当承担赔偿责任。"第462条第1款规定："占有的不动产或者动产被侵占的，占有人有权请求返还原物；对妨害占有的行为，占有人有权请求排除妨害或者消除危险；因侵占或者妨害造成损害的，占有人有权依法请求损害赔偿。"也就是说，没有合法依据占有他人的不动产或者动产的，就是无权占有。无权占有人占用房屋的，有权占有人可以请求其返还原物，如果导致房屋受到损害的，恶意占有人应当承担相应的赔偿责任。

相关法条

1. **《中华人民共和国民法典》第二百二十一条第一款** 当事人签订买卖房屋的协议或者签订其他不动产物权的协议，为保障将来实现物权，按照约定可以向登记机构申请预告登记。预告登记后，未经预告登记的权利人同意，处分该不动产的，不发生物权效力。

2. **《中华人民共和国民法典》第四百五十八条** 基于合同关系等产生的占有，有关不动产或者动产的使用、收益、违约责任等，按照合同约定；合同没有约定或者约定不明确的，依照有关法律规定。

3. **《中华人民共和国民法典》第四百五十九条** 占有人因使用占有的不动产或者动产，致使该不动产或者动产受到损害的，恶意占有人应当承担赔偿责任。

4.《中华人民共和国民法典》第四百六十二条　占有的不动产或者动产被侵占的,占有人有权请求返还原物;对妨害占有的行为,占有人有权请求排除妨害或者消除危险;因侵占或者妨害造成损害的,占有人有权依法请求损害赔偿。

占有人返还原物的请求权,自侵占发生之日起一年内未行使的,该请求权消灭。

无合法依据占用他人房产，是否应当支付占有使用费

◆（第 459 条）◆

基本案情

黄某某与周某某登记结婚。黄某某与周某某等家庭成员经建德市人民政府批准，在新安江街道对面自建住宅（一幢 4 层楼房，该楼房每层计房屋 2 套）。后周某某在未告知黄某某的情况下，私自与鲍某某签订《房屋买卖合同》，将其中一套房屋作价 165000 元卖给鲍某某。鲍某某向周某某支付购房款 40000 元。随后，周某某与鲍某某另签订《房屋租赁合同》一份交给黄某某，租房合同约定：周某某将案涉房屋租赁给鲍某某，每月月租 500 元，租期 5 年。此后，鲍某某搬入案涉房屋居住，并对该房屋进行了装修。几年后，黄某某与周某某协议离婚，离婚协议中约定双方共同建造的 4 层楼房归黄某某所有。因鲍某某与周某某交给黄某某的是《房屋租赁合同》，故在租赁期满后，黄某某找到鲍某某，要求其搬离，双方发生纠纷。为此，黄某某向法院提起诉讼，要求确认鲍某某与周某某签订的《房屋买卖合同》无效。法院审理后判决支持黄某某的诉请，判令周某某与鲍某某签订的《房屋买卖合同》无效。黄某某要求鲍某某腾退房屋，诉至法院。法院判令鲍某某腾退案涉房屋，判令周某某、黄某某返还鲍某某购房款及装修价值合计 111000 元。经法院强制执行，鲍某某腾退案涉房屋。之后，黄某某以鲍某某自搬入案涉房屋居住

起至腾退期间依据无效合同连续占有、使用黄某某所有的房产缺乏法律依据，侵害了黄某某的财产使用收益权利，应按照市场同期同档次收益标准作出经济赔偿为由，诉至法院。

问题描述

明知道卖家无权处置房屋，仍与其签订《房屋买卖合同》，后经法院生效民事判决确认无效。根据法律规定，无效的合同自始没有法律约束力，则原房产买受人丧失了占有房产的合法依据，属于无权占有人，应当返还房屋。本案的争议焦点是，没有合法依据占用他人房产，是否还应支付相应的占有使用费。

裁判情况

本案经一审、二审。二审法院认为，周某某与鲍某某签订的《房产买卖合同》经生效的民事判决书确认为无效，而无效的合同自始没有法律约束力，故作为房屋实际占有人的鲍某某对案涉房屋的占有、使用不属于善意情形。占有人因使用占有的不动产或者动产，致使该不动产或者动产受到损害的，恶意占有人应当承担赔偿责任。因此，房屋所有权人有权就其因房屋被占用而导致的财产权益损失主张相应的赔偿。

裁判结论：应当结合房屋产权的变更情况并参照同路段同等大小面积同类型房产的毛坯房租金价格，由鲍某某向黄某某、周某某酌情支付房屋占有使用费。

释法析理

根据《中华人民共和国民法典》第 459 条规定，占有人因使用占有的不动产或者动产，致使该不动产或者动产受到损害的，恶意占有人应当承担赔偿责任。这就是说，在占有物的过程中，由于对物的正常使用行为而导致物遭受损害的，恶意占有人应承担损害赔偿责任，而善意占有人则不需要承担赔偿责任。这是因为善意占有人对正常占有和使用物的过程中所造成的正常损耗并没有过错，所以不需要承担赔偿义务。然而，恶意占有人对物的占有和使用都是恶意的，对于占有和使用物所造成的损害，当然应当承担赔偿责任。因此，当房屋买卖合同无效或者被撤销后，占有人因合同取得的财产，应当予以返还。而无效的合同自始没有法律约束力，占有人对房屋的占有、使用不属于善意情形，系恶意占有。因此，房屋所有权人有权就其因房屋被占用而导致的财产权益损失主张相应的赔偿。

相关法条

《中华人民共和国民法典》第四百五十九条　占有人因使用占有的不动产或者动产，致使该不动产或者动产受到损害的，恶意占有人应当承担赔偿责任。

以房屋出售前已签订房屋租赁合同为由强占他人房屋,应当如何处理

◆(第460条)◆

基本案情

卞某某从马某某和张某某处购买了合肥市瑶海区某小区房屋,并办理了不动产权证书。后卞某某发现余某某和赵某某撬开房屋门锁占用了该房并更换了门锁。于是,卞某某要求余某某和赵某某立即搬离并交付门锁钥匙,但余某某和赵某某以"该房屋出卖前已实际出租给两人,该租赁合同合法有效,在租赁合同没有解除和到期前,两人使用该房屋有合同依据,属于合法占有使用"为由予以拒绝。由此,卞某某向法院起诉,请求判令余某某和赵某某立即迁出合肥市瑶海区某小区房屋。

问题描述

法律规定不动产或者动产被占有人占有的,权利人可以请求返还原物及其孳息。本案房屋是卞某某所有,却被余某某和赵某某占有,二人主张房屋出售前已与其签订房屋租赁合同,属于有权占有。因此,本案的争议焦点是,权利人在合法购得房屋后,被他人以房屋出售前已签订房屋租赁合同为由强占房屋,应当如何处理。

裁判情况

本案经过一审、二审。二审法院认为,根据关于不动产物权的有关规定,不动产权属证书是权利人享有该不动产物权的证明,不动产物权的设立、变更、转让和消灭,经依法登记,发生效力,未经登记,不发生效力,但法律另有规定的除外。涉案房屋已变更登记至卞某某名下,卞某某依法对该房屋享有所有权,应受法律保护。至于余某某、赵某某称原房主马某某、张某某在案涉房屋出售前已与其签订房屋租赁合同,该房屋租赁合同将租期一次性定为20年,租金每月1000元,20年不变,显然不符合房屋租赁的日常生活经验法则,有违常理。余某某、赵某某在合肥市另有住房,且已结婚,并有子女,余某某和赵某某共同租房在外居住也与常理不符。证人张某某证明其未与余某某签订房屋租赁合同,故该租赁关系的真实性难以认定。余某某、赵某某占有案涉房屋缺乏事实和法律依据。

裁判结论:余某某、赵某某迁出合肥市瑶海区某小区房屋,并将该房的所有门锁钥匙交付给卞某某。

释法析理

《中华人民共和国民法典》第460条规定:"不动产或者动产被占有人占有的,权利人可以请求返还原物及其孳息;但是,应当支付善意占有人因维护该不动产或者动产支出的必要费用。"这就是说,不动产或者动产权利人享有占有、使用、收益和处分的权利,不动产或动产被他人占有的,如果没有证据证实其占有是经权利人同意或者系合法行为,则属于无权占有,不动产或者动产的权利人可以要求占有人返还原物及其孳息。不论善意占有人还是恶意占有人,都是无权占有人,都负有向原物所有权人返还原物和孳息的义务。为了保存、维护占有物而产生的

"必要费用",善意占有人有权请求偿付,但是恶意占有人则没有这个权利。这里所说的"必要费用",是指保存、维护占有物的价值所必须支出的费用,并不包括非必要支出或者基于改良占有物、使占有物增值等目的所支出的费用。

相关法条

《中华人民共和国民法典》第四百六十条 不动产或者动产被占有人占有的,权利人可以请求返还原物及其孳息;但是,应当支付善意占有人因维护该不动产或者动产支出的必要费用。

为借款而签订车辆抵押合同,出借人未经借款人同意擅自变卖抵押车辆,是否应当返还原物或赔偿损失

(第235条、第238条、第461条)

基本案情

王某某向石某某借款55000元,双方签订《借款合同》,约定借款期限1个月,利息按期计算,为本金的3%;10天为一期,到期按时偿还利息;借款人未到期按时还息,出借人有权解除合同并提前收回借款,要求借款人即日清偿全部借款本金及利息;一方向另一方送达的通知须采用书面形式。合同签订当日,石某某将现金55000元给付王某某。双方签订《抵押担保合同》,约定以王某某名下大众迈腾、东风雪铁龙两辆小轿车为抵押物,抵押范围包括借款本金及利息等相关费用,抵押期限自签订合同时至主合同借款本金及利息全部还清,如出现本金及利息未按时偿还,石某某有权变卖抵押物。同日,双方签订了《车辆买卖过户委托书》。之后,石某某以王某某未在10日内按时偿还利息为由,将上述两车卖予张某某,两车售价共计60000元。同日,王某某以电话口头及书面形式向石某某发出解除《车辆买卖过户委托书》的通知,但石某某未予理睬。王某某向法院起诉,请求确认双方签订的《车辆买卖过户委托书》已解除,石某某返还王某某小轿车,或依法赔偿王某某损失。

问题描述

借贷双方因借贷而签订车辆抵押合同及买卖过户委托书,在借款人出现违约情形时,出借人未经借款人同意擅自将抵押车辆开走,在借款人通知解除该委托书的情况下,仍基于原合同及车辆委托过户的授权而出售车辆。本案的争议焦点是,为借款而签订车辆抵押合同,出借人未经借款人同意擅自变卖抵押车辆,是否应当返还原物或赔偿损失。

裁判情况

本案经一审、二审。二审法院认为,《车辆买卖过户委托书》中明确约定,委托期限为自签字日起至办理完上述车辆的买卖交易过户手续为止。案涉车辆并没有完成过户手续,委托事项未全部完成,王某某作为委托人,在委托事项未全部完结之前,有权随时解除委托。王某某以电话口头及书面形式通知石某某解除委托书的行为不违反法律规定,故双方签订的《车辆买卖过户委托书》应予解除。王某某通知石某某解除委托书,明确表示不同意变卖案涉车辆后,石某某作为受托人仍继续处分案涉车辆的行为,明显违背了委托人王某某的真实意思表示,同时其变卖案涉车辆的交易价格,明显低于合理的市场成交价,没有合理且善意地履行受托人的义务,损害了委托人的利益,因此,石某某应承担赔偿王某某损失的责任。

裁判结论:解除王某某与石某某签订的《车辆买卖过户委托书》,石某某赔偿王某某两辆小型轿车损失212268元。

释法析理

根据《中华人民共和国民法典》第565条规定,当事人一方解除合同,应当具备法定解除合同的条件,行使解除权应当通知对方当事人,合同自通知到达对方时解除。这就是说，在合同关系解除的情况下，因原合同关系形成的占有丧失了合法依据，成为无权占有。《中华人民共和国民法典》第566条规定："合同解除后，尚未履行的，终止履行；已经履行的，根据履行情况和合同性质，当事人可以请求恢复原状或者采取其他补救措施，并有权请求赔偿损失。"而《中华人民共和国民法典》第235条规定："无权占有不动产或者动产的，权利人可以请求返还原物。"如果故意侵害不动产或动产造成损害的，《中华人民共和国民法典》第238条规定，应当予以赔偿；如果造成动产或不动产毁损、灭失的，《中华人民共和国民法典》第461条规定，应当返还由物的毁损、灭失而获得的保险金、赔偿款、补偿款等，如果是恶意占有人，还应当赔偿损失以弥补权利人的全部损害。

相关法条

1.《中华人民共和国民法典》第二百三十五条 无权占有不动产或者动产的，权利人可以请求返还原物。

2.《中华人民共和国民法典》第二百三十八条 侵害物权，造成权利人损害的，权利人可以依法请求损害赔偿，也可以依法请求承担其他民事责任。

3.《中华人民共和国民法典》第四百六十一条 占有的不动产或者动产毁损、灭失，该不动产或者动产的权利人请求赔偿的，占有人应当将因毁损、灭失取得的保险金、赔偿金或者补偿金等返还给权利人；权利人的损害未得到足够弥补的，恶意占有人还应当赔偿损失。

4.《中华人民共和国民法典》第五百六十五条 当事人一方依法主张解除合同的，应当通知对方。合同自通知到达对方时解除；通知载明债务人在一定期限内不履行债务则合同自动解除，债务人在该期限内未履行债务的，合同自通知载明的期限届满时解除。对方对解除合同有异议的，任何一方当事人均可以请求人民法院或者仲裁机构确认解除行为的效力。

当事人一方未通知对方，直接以提起诉讼或者申请仲裁的方式依法主张解除合同，人民法院或者仲裁机构确认该主张的，合同自起诉状副本或者仲裁申请书副本送达对方时解除。

5. 《中华人民共和国民法典》第五百六十六条　合同解除后，尚未履行的，终止履行；已经履行的，根据履行情况和合同性质，当事人可以请求恢复原状或者采取其他补救措施，并有权请求赔偿损失。

合同因违约解除的，解除权人可以请求违约方承担违约责任，但是当事人另有约定的除外。

主合同解除后，担保人对债务人应当承担的民事责任仍应当承担担保责任，但是担保合同另有约定的除外。

祖父母一方死亡，孙子未经同意能否占用祖父母共有的房屋

◆（第462条）◆

基本案情

邢某某（女方）与殷某甲（男方）系夫妻关系。婚后，殷某甲购买了坐落于某村民组建筑面积为55平方米的砖石结构三间房屋。殷某甲死亡后，涉案房屋由邢某某与殷某甲之子殷某乙暂时居住。后殷某乙死亡。同年，殷某乙之子殷某丙在未经邢某某同意的情况下，搬到涉案房屋居住。邢某某诉至法院，要求殷某丙腾退涉案房屋。

问题描述

占有保护请求权，是指占有被侵夺的，占有人有权请求侵夺人及其继受人保护其占有，返还占有物。本案中，在祖父母一方及父亲均死亡的情况下，孙子占有、使用祖父母共有的房屋。本案的争议焦点是，祖父母一方死亡，孙子未经在世一方的同意，能否占用祖父母共有的房屋。

裁判情况

法院审理后认为，涉案房屋系邢某某与殷某甲婚后购买，应视为夫妻共同财产。殷某甲死亡后，邢某某作为共有人享有对该房屋占有、使用的权利。现殷某丙未经邢某某同意，即占有、使用该房屋，侵害了邢

某某的合法权益，应当承担相应的民事责任。故支持邢某某要求殷某丙返还涉案房屋的诉讼主张。关于殷某丙提出的涉案房屋已由殷某甲卖给其父殷某乙的辩论意见，因涉案房屋系邢某某与殷某甲夫妻共同共有，殷某甲在未经邢某某同意及事后追认的情况下，单方处置该房屋的行为应为无效，且殷某丙提供的房屋买卖协议书的日期与殷某甲死亡日期明显存在矛盾，与事实不符。关于殷某丙提出其对涉案房屋享有继承权的辩论意见，虽在殷某乙死亡后，属于殷某乙的房屋产权份额发生继承，但殷某丙仅享有继承权，并未实际取得对涉案房屋占有、使用的权利。对于殷某丙提出的对涉案房屋享有继承份额，可另案主张该权利。

裁判结论：殷某丙腾退案涉房屋返还给邢某某。

释法析理

当占有的不动产或者动产遭到第三方侵夺或者妨害时，占有人能够行使哪些权利保护自己对不动产或者动产的占有？《中华人民共和国民法典》第462条规定了占有保护请求权，指的是占有被侵夺的，占有人有权请求侵夺人及其继受人保护其占有，返还占有物。这里包括四个要素：一是占有被侵夺，就是指违背占有人的意思，剥夺了对动产或不动产的占有；二是请求权人必须是被剥夺了占有的占有人；三是侵夺人必须是现在占有的人，如果侵夺人不再是现在占有的人，就不能对侵夺人行使占有保护请求权；四是必须自侵夺之日起1年内行使（1年期满未行使的，就不能再行使占有保护请求权）。占有保护请求权使占有脱离了本权获得独立保护，通过保护占有，来保护占有背后的物权、债权，禁止任何人以法律禁止的私人力量擅自剥夺他人对动产或不动产的占有。公民合法的民事权益受法律保护，任何组织和个人不得侵犯。因此，如果占有的不动产被第三人侵占了，占有人就有权请求返还原物。

相关法条

《中华人民共和国民法典》第四百六十二条 占有的不动产或者动产被侵占的,占有人有权请求返还原物;对妨害占有的行为,占有人有权请求排除妨害或者消除危险;因侵占或者妨害造成损害的,占有人有权依法请求损害赔偿。

占有人返还原物的请求权,自侵占发生之日起一年内未行使的,该请求权消灭。